新时代青少年厚植爱国主义情怀读本

故土的情思

GUTU DE QINGSI

吕晓东 闫巍 丛书主编

衣永红 富丽明 王斌 编著

辽宁人民出版社

图书在版编目（CIP）数据

故土的情思 / 衣永红，富丽明，王斌编著. — 沈阳：辽宁人民出版社，2020.3

（“新时代青少年厚植爱国主义情怀读本”系列丛书/吕晓东，阎巍主编）

ISBN 978-7-205-09767-7

Ⅰ. ①故… Ⅱ. ①衣… ②富… ③王… Ⅲ. ①爱国主义教育－中国－青少年读物 Ⅳ. ①D647-49

中国版本图书馆CIP数据核字(2019)第246762号

出版发行：辽宁人民出版社
地址：沈阳市和平区十一纬路 25 号 邮编：110003
电话：024-23284321（邮 购） 024-23284324（发行部）
传真：024-23284191（发行部） 024-23284304（办公室）
http://www.lnpph.com.cn
印 刷：辽宁新华印务有限公司
幅面尺寸：145mm×210mm
印 张：6.25
字 数：200 千字
出版时间：2020 年 3 月第 1 版
印刷时间：2020 年 3 月第 1 次印刷
责任编辑：刘铁丹
装帧设计：留白文化
责任校对：吴艳杰
书 号：ISBN 978-7-205-09767-7

定 价：38.00 元

编 委 会

薪火相传的民族魂

（总序）

吕晓东

一个民族，要有灵魂，这种灵魂就是民族精神。中华民族在几千年发展变革中，能够历经千难万险，战胜各种各样的艰苦挑战，创造了举世闻名的辉煌灿烂，正是因为有了强大的民族精神，薪火相传的民族之魂。

民族精神，是历史进程和积淀中所形成的民族意识、民族文化、民族习俗、民族性格、民族信仰、民族宗教、民族价值观念和价值追求等共同特质，是指民族传统文化中维系、协调、指导、推动民族生存和发展的精粹思想，是一个民族生命力、创造力和凝聚力的集中体现，是一个民族赖以生存、共同生活、共同发展的核心和灵魂。团结统一、爱好和平、勤劳勇敢、自强不息的伟大的中华民族精神是以爱国主义为核心的，爱国主义就是伟大的中华民族精神不朽的灵魂。

习近平指出，要在厚植爱国主义情怀上下功夫，让爱国主义精神在学生心中牢牢扎根，教育引导学生热爱和拥护中国共产党，立志听党话、跟党走，立志扎根人民、奉献国家。作为学校的思想政治教育工作者，务必要认真落实好习近平总书记的重要指示精神，要以高度的政治责任感，将爱国主义的种子播撒在青少年的心灵。这样，红色基因就会让青少年树立起崇高的理想，家国情怀就会成为青少年宝贵的思想文化营养，故土情感就会在青少年的心灵扎下深根，从而青少年会对祖国更加热爱。

共和国是红色的。“新时代青少年厚植爱国主义情怀读本”《家国的记忆》，书写出家国是几千年中华民族的壮丽史诗，是中华民族血管里奔流的热血，是中华民族伟大创造精神的源泉与动力，是青少年不可或缺的思想修养。《故土的情思》，深刻阐述了乡愁是所有中华儿女共有的情感，这是一种对祖国、对中华民族的认同感，这种情感与认同感，是青少年厚植爱国主义情怀的坚实根基。有了这一坚实的根基，青少年就会深爱脚下这片热土，就会将祖国和人民的利益永远放在高于一切的地位。

青年有信仰，少年有志向，民族就会有希望，国家就会有力量。青少年厚植爱国主义情怀，是党和国家赋予新时代思想政治教育工作者的历史使命和重大责任，是培养和造就新时代中国特色社会主义合格的接班人和建设者的必然要求。爱国之情是青少年必须具备的深厚情感，强国之志是青少年应有的责任抱负。厚植爱国主义情怀要从青少年抓起，要把爱国主义教育贯穿于青少年思想政治教育工作和道德品质培养的全过程。

青少年是民族的希望，青少年是祖国的未来。青少年强则国强，青少年要以实现中华民族伟大复兴为己任，用青春之我创造青春之中国、青春之民族。青少年厚植爱国主义情怀，这是实现中国梦、开创伟大事业所必须具有的重要思想素质，也是薪火相传的民族之魂，是新时代青少年成长成熟、成才成功的根本所在，是中国特色社会主义千秋万代永不变色的根本保证。

立德树人，明理铸魂。每一位思想政治教育工作者，首先应是一位有着崇高爱国主义情怀、对爱国主义有着深刻认知的教育者，才能够在青少年厚植爱国主义情怀的思想教育过程中，将自己对祖国和民族的深厚情感、热爱与忠诚真实地表达出来。并以此去感染青少年学生的思想，去打动青少年学生的心灵，才能够真正担负起历史的责任和时代的使命。我们坚信，每一位思想政治教育工作者，都是民族之魂的执着传承者。

初心所在——记得住乡愁
（代序）

“乡愁就是你离开这个地方就会想念这个地方。”[①] 这是习近平总书记对乡愁的定义。近几年，总书记在赴各地考察时，经常提到乡愁。要“依托现有山水脉络等独特风光，让城市融入大自然，让居民望得见山、看得见水、记得住乡愁”[②]。

2015 年春节前夕，习近平总书记用四天的时间赴陕西视察。这四天行程的一个中心线索，就是乡愁。而总书记的乡愁，用力不止在一处，也不止一个层次。后来，“学习小组”公众号[③] 总结了习近平此次考察诠释的三重乡愁，我们也以此为线索，揭开乡

① 出自 2015 年习近平在云南考察时的讲话，参见央视网 2015 年 1 月 21 日视频《乡愁就是你离开这个地方就会想念这个地方》，http://news.cntv.cn/2015/01/21/VIDE1421843935926681.shtml。

② 出自 2013 年习近平在中央城镇化工作会议上的讲话，参见央视网 2018 年 9 月 24 日文章《中秋佳节，听习近平讲什么是乡愁》，http://news.cctv.com/2018/09/24/ARTIfciiWp7E7m7j0YsCVELZ180924.shtml。

③ “学习小组”是人民日报海外版旗下的新媒体，这个微信公众号以中共中央总书记习近平的新闻信息为主要内容，凭借及时的信息传递、精准的政策解读，成为各级党政机关领导干部学习党中央精神、关心中国改革发展人士了解中国的重要平台和窗口，在海内外拥有广泛影响力。此处参考了学习小组公众号 2015 年 2 月 26 日发表的文章《习近平、中共、中华民族，三重乡愁，同时爆发》。

愁背后的真正意蕴。

一、"我是黄土地的儿子"

2018年2月16日，经济日报推出一篇特殊的文章，《"习近平总书记的人民情怀"系列谈之一："我是黄土地的儿子"》。就让我们从这篇文章中感受一下习近平总书记的乡愁。

从西北山村到华北县城，从东南特区到执掌一省，从直辖市市委书记到掌舵"中国号"巨轮……"我是黄土地的儿子"，这份终生难忘的大地情结、人民情怀，始终伴随着习近平总书记。

黄土高原的千山万壑，是大自然的黄色褶皱，也如同那些生活窘迫的老乡额上的皱纹，蚀刻在青年习近平的心里，从来没有消失过。

住窑洞、睡土炕、忍叮咬，打井打坝、修公路、制沼气……"足蒸暑土气、背灼炎天光"，习近平在陕北梁家河插队，一干就是7年。也就是在这里，他立下了从政的初心，就是让乡亲们饱餐一顿肉，并且经常吃上肉。他回忆道："15岁来到黄土地时，我迷惘、彷徨；22岁离开黄土地时，我已经有着坚定的人生目标，充满自信。作为一个人民公仆，陕北高原是我的根，因为这里培养出了我不变的信念：要为人民做实事！无论我走到哪里，永远是黄土地的儿子。"

"只要还有一家一户乃至一个人没有解决基本生活问题，我们就不能安之若素。"这些年，习近平总书记一直强调扶贫要攻坚、脱贫要精准，就是因为他理解农民、懂得农村。而只有在基层吃过苦、受过累，知道百姓的所思所想、所需所求，才能够急百姓之所急、想百姓之所想，才能够有正确的工作方法，才能真正为百姓做实事、做好事。

民者，国之根也。“心无百姓莫为官”“不求官有多大，但求无愧于民”“治理之道，莫要于安民；安民之道，在于察其疾苦”……这些感悟，无不来自从梁家河到河北正定，从福建到浙江再到上海的丰富实践，来自从知青时代开始一点一滴培养起来的对人民群众的深情厚谊。习近平总书记在下乡调研中，很重视去贫困地区体察民情、嘘寒问暖。到老百姓家里走访，掀开锅盖看看锅里有什么，与人民群众谈话都能说到要害处，说到点子上。他用自己的双脚，一步一步丈量着中国大地；用真切朴实的话语，熨帖着困难群众的心。“老书记”“吃苦耐劳的好后生”，人们对习近平的亲切称呼，讲述着这样的真理：你与百姓有多近，百姓对你就有多亲。①

二、中国共产党的乡愁

延安作为中国革命的圣地，诠释的是中国共产党的乡愁。2018年8月21日、22日，中央电视台播放了大型文献纪录片《回望延安》，开篇就说：“从这里开始，刚刚结束长征的红军，走向抗日前线；从这里开始，民族独立与人民解放的烈焰越烧越旺；从这里开始，一个年轻的政党进一步走向成熟！”可见，延安对于中国共产党到底有多么重要的意义。回想当年，中央红军经历了二万五千里艰苦卓绝的长征路，到延安时，队伍折损大半，就是这仅存的革命火种，播撒在延安这片革命圣土中，才壮大成为

① 出自经济日报2018年2月16日文章《“习近平总书记的人民情怀”系列谈之一：“我是黄土地的儿子”》，闫伟奇编辑。

后来的气吞山河、所向披靡的百万雄师。

自1840年鸦片战争以来，中国这个泱泱大国病体羸弱，近百年风雨飘摇的历程深刻地证明了，中国社会需要先进的力量来领导，于是，1921年，在浙江嘉兴南湖的红船上，中国共产党诞生了。而中国共产党领导革命的实践再次证明，中国偌大的航船，需要一个强有力的舵手，历史把这个舵手的责任落在了毛泽东肩上。

1945年4月23日，中国共产党第七次全国代表大会在延安胜利召开，这次会议上，中国共产党第一次把马克思主义理论中国化的成果——毛泽东思想确立为党的指导思想。这是在遵义会议的基础上，更加明确了毛泽东在党内的核心领导地位，它意味着我们党形成了以毛泽东为核心的成熟的领导集体，它标志着我们党在思想上、政治上、组织上从此有了“定盘星”。“东方红，太阳升，中国出了个毛泽东”，这是陕北人民发自内心的呼喊。而美国记者白修德对毛泽东的评价是:“有思想，能拿枪，而且可以迫使历史朝他思想所指的方向前进。”这恰好是一个伟大的舵手的形象。

革命圣地延安，习近平插队时便去过，每次去，都要到杨家岭，看看中共七大会址……七大制定的纲领和政策，还集中概括了党在长期斗争中形成的优良作风。习近平履新总书记以来，激浊扬清，铁腕反腐，立八项规定，开展群众路线教育实践活动，强调“理想信念”，强调“政治纪律”“政治规矩”，无不是向中共的优良作风致敬。①

① 参见学习小组公众号2015年2月26日文章《习近平、中共、中华民族，三重乡愁，同时爆发》。

在延安，中国共产党遭到了日本帝国主义和国民党的双重封锁，物资紧缺，举步维艰，于是，毛泽东向党政军民学发出了“自己动手，丰衣足食”的伟大号召。为响应这一号召，边区的男女老少齐上阵，开启了轰轰烈烈的大生产运动。毛泽东亲自种菜，周恩来和任弼时双双在纺线比赛中获奖，朱德亲自去拾粪。以至于美国记者白修德后来回忆说，延安就是一个一切都需要“自己动手做”的政府进行的一场实验。这比喻形象但不完全贴切，中国共产党不只是在做一场实验，他们深知自己领导的是一场伟大的人民的革命，他们坚信人民是创造和改变历史的力量，同时，他们坚信自己是最能够聚拢人民、激发人民创造性的力量。

在延安，中国共产党建学校、整风气，召开了延安文艺座谈会，确立了“全心全意为人民服务”的宗旨，取得了一次又一次斗争的胜利。这一切，使延安成为当时偌大的中华民族病体复原、凤凰涅槃的希望所在，同时也使它成为进步青年心向往之的圣地。“打断骨头连着筋，扒了皮肉还有心，只要还有一口气，爬也要爬到延安城！”这是当时革命青年心向延安的真实写照，这是怎样一种誓死也要奔向光明的决心啊！

延安是共产党人的初心，延安十年为共产党人积累了宝贵的精神财富，支撑着共产党人筚路蓝缕，走到今天。可是包括毛泽东在内的很多领导人，还有很多将领，以及普通的军人、学生，当年离开延安后，就再也没能回去过，延安成了他们永远的乡愁。1956年，革命诗人贺敬之在离开十年之后再回延安，难掩喜悦和兴奋之情，以陕北信天游的形式，写下了以下这首感情真挚、脍炙人口的信天游：

心口呀莫要这么厉害地跳，
灰尘呀莫把我眼睛挡住了……
手抓黄土我不放，
紧紧儿贴在心窝上。
几回回梦里回延安，
双手搂定宝塔山。
千声万声呼唤你
——母亲延安就在这里！
……

“几回回梦里回延安，双手搂定宝塔山。”这就是中国共产党的乡愁，然而，中国共产党的乡愁不止在延安，还在红船、在井冈山、在西柏坡……在所有革命老区、改革新区、经济特区，在所有共产党人为了人民披荆斩棘的地方、负重前行的地方、推陈出新的地方，在所有保有和彰显共产党人初心的地方！

三、中华民族的乡愁

西安诠释的是中华民族的乡愁。在西安，习近平观看了都城变迁图、隋唐长安模型以及一些文物展，听取了丝绸之路与长安历史文化的介绍。他手拿三阳开泰的剪纸向中国人民拜年。

西安在历史上是十三朝古都，史上气势恢宏的周、秦、汉、唐王朝，均定都于此。西安地处关中平原，八百里秦川，地势朗阔，且气候宜人、水源充足，古有“八水绕长安”之说，是风调雨顺的宝地，还有函谷关、华山、秦岭等几道天然屏障，自古以来易守难攻，所以杜甫说“回首可怜歌舞地，秦中自古帝王州”。西安是古丝绸之路的东方起点，是古代东西方文化交融的纽结所在，无数文人骚客在这里留下不朽的诗篇，历史的记忆随处可见。王翰的“夜听胡笳折杨柳，教人意气忆长安”，孟郊的“春风得意马蹄疾，一日看尽长安花”，李白的“总为浮云能蔽日，长安不见使人愁”，似乎能够隔着千年的历史长河向人们展开一幅幅古代西安的画卷。

西安有无数历史古迹，记载着中国数不尽的沧桑与辉煌。作为世界第八大奇迹的秦始皇陵兵马俑，沉睡千年，依然气势雄伟，让你仿佛能穿越千年光阴看到这位帝王如何指挥千军万马而最终一统天下的。而细细想来，没有当年这些冲锋陷阵的将士，也不会有秦始皇的统一霸业。而没有匠人们的手艺精湛，制作精良，也就不会有这栩栩如生、形态各异的神奇兵佣，为我们昭示千年以前的秦朝到底有多么强大。书写历史的，最终还是人民。

大雁塔，西安的地标，据说是为了储藏玄奘自印度取来的经书所建。想来当年修建此塔是大唐一件盛事。明代杨旦曾写下赞美大雁塔的诗句：“岿然古塔倚青霄，胜览何妨去路遥。”多少年来，朝代更迭，大雁塔虽经过几次修建，却依然保留着大唐盛世的气韵，仿佛向我们诉说着千年以前，玄奘是经过怎样艰苦孤寂的旅程才最终获取真经的，后世又有多少人，为保护古长安这地标性的建筑付出了勤劳的汗水和心血。传承历史的，最终也是人民。

民族的乡愁，应当保存在民族文明的记忆中，中华民族的文明何其璀璨，应该深深烙印在每个中华儿女记忆的深处，并且世代传承下去。当然，中华民族的乡愁也不止在西安，还在洛阳、在开封、在南京、在北京，在所有拥有中华民族历史初心和记忆的地方，在所有人民书写和创造历史的地方。

2017年春节团拜会上，习近平曾经用三个“不要”提醒大家：“不要在遥远的距离中割断了真情，不要在日常的忙碌中遗忘了真情，不要在日夜的拼搏中忽略了真情。”[①]总书记一次次提醒人们要记得住乡愁，其实就是告诫人们要不忘初心。于是，人们终于意识到，是呀，在日复一日紧张、忙碌、喧嚣的生活中，我们有多久没有驻足回望了？回望那个我们带着梦想出发的地方，回望那个记忆着我们全部初心的地方。于是，整个国家和民族的乡愁似乎都苏醒了，人们纷纷开启了寻找乡愁之旅。

四、青年可有乡愁

今天的青年学生，是否知道乡愁为何物？也许上大学后，很大一部分学生离开了自己的故乡，到一个陌生的城市开启一段崭新的旅程，思念家乡的父母亲人吧？怀念母亲炒的小菜吧？这时你便开始有了乡愁。

乡愁是想念一个地方。这个地方有你栖居的房屋和院落，有你每天上学都会经过的小路，蹚过的小河，有每天送你出门的朝阳和春风，有每天迎你回家的晚霞和袅袅炊烟。最重要的是，这里有陪你一起长大的玩伴，有最最挚爱你的亲人。没有离家的时候，这一切都已成为习惯，就像你呼吸的每一口空气，习惯到你不懂去珍惜。有多少学生，想去一个遥远的地方上大学，就是想离家远一点，好远离父母的唠叨，可是一旦离开，才知道家乡、亲人，是你此生无法割舍的情愫，你的灵魂深处，早已深深打上

① 摘自新华社北京1月26日电《习近平：在2017年春节团拜会上的讲话》。

了过往生活的烙印。

乡愁是一种距离，时空遥远。还记得鲁迅先生写的《故乡》吗？没错，那里面有个能刺猹，还能装弶捉小鸟雀的闰土。少年闰土是鲁迅先生儿时的玩伴，两人在儿时的嬉戏中结下了真挚的友谊，而且这种友谊是没有等级界限的，两个小孩还互相兄弟相称。两人成年后，还会彼此想念着对方，闰土每到鲁迅家，都会打听鲁迅的消息，可是真的见了面，便距离感顿生。成人的世界里，再不会不顾等级地随意嬉戏，于是，闰土在鲁迅面前变得拘谨了，他称鲁迅为老爷。成人的岁月里，有太多艰难。拼命讨生活还填不饱肚子的日子，让闰土变得麻木了，没有力量再去思考人与人之间的情感。于是，鲁迅在闰土身上的乡愁落空了，只能感慨，“我竟与闰土隔绝到这地步了”。

空间的距离可以逾越，可时间的距离永远无法折返。或许你和鲁迅先生有过同样的感触，儿时的玩伴再见面已经有些生疏了，大家想的是不一样的问题，做的是不一样的事，过的是不一样的生活，童年的时光再也回不去了。尤其是，当你看到母亲又增了白发，父亲又添了皱纹，他们弯了腰，驼了背，渐渐老去，岁月在他们身上留下了抹不去的痕迹，你是否想要用尽所有努力换回他们的年轻？可是，那将是徒劳的，这些是岁月留给我们的乡愁。

然而，这些也都是你个人的乡愁。你除了是父母的孩子，朋友的伙伴，当然将来可能还是某人的丈夫或妻子，是孩子的父母，更重要的是，你还是社会的一员，是国家的公民。古人说，天下兴亡，匹夫有责，何况你是祖国培养出来的知识青年，祖国对你寄予厚望！因此，你不能只沉湎于个人的乡愁，还要记住祖国的乡愁，民族的乡愁。你可知道中国瑰丽璀璨的文明？你可记得中华民族精神的精髓？今天，我们要实现伟大复兴的中国梦，习近平总书记说：“中国梦是国家的梦、民族的梦，也是包括广大青年在内的每个中国人的梦。”[①]作为一个新时代的青年，你打算怎样和祖国共同行走在筑梦路上呢？

① 摘自2013年5月2日习近平给北京大学考古文博学院2009级本科团支部全体同学的回信，参见《光明日报》2013年5月5日文章《习总书记给北大学生回信引起热烈反响》，记者王庆环。

目录

月是故乡明

落叶终归根

海外赤子魂

乡愁何难舍

提到乡愁，就不得不提到一个人的名字——余光中。他的那首《乡愁》太经典了！

小时候，
乡愁是一枚小小的邮票，
我在这头，
母亲在那头。

长大后，
乡愁是一张窄窄的船票，
我在这头，
新娘在那头。

后来啊，
乡愁是一方矮矮的坟墓，
我在外头，

母亲在里头。

而现在，
乡愁是一湾浅浅的海峡，
我在这头，
大陆在那头。

1982年，诗人流沙河在《星星诗刊》上向读者推介了这首《乡愁》，于是，人们知道了余光中这个名字。回想20世纪的80年代，那真是一个寻找意义的年代，是激情燃烧的岁月呀！彼时，改革开放的大幕徐徐拉开，经历了“文革”十年的精神蛰伏，整个中华大地开始慢慢苏醒，青年们就像刚出土的春芽，几近饥渴地汲取着他们能汲取到的一切精神养料。各种西方的文学著作开始进入中国，萨特的存在主义和尼采的非理性哲学也在青年学生中传阅。各种思想的碰撞和交流，激发了青年们的一腔热血和反思精神，于是，朦胧诗兴起，一时间中华大地诗潮涌动。那年代，北岛在《今天》上追问着卑鄙与高尚的张力，顾城开始用黑夜给他的黑色的眼睛寻找光明，海子在喂马劈柴的岁月里企望着“面朝大海，春暖花开”，而舒婷在向橡树求索着爱情的真谛。就在这群犀犀利利、喧喧闹闹的年轻人用西方现代性的笔触寻找意义的时候，有些年纪的余光中自海峡对岸扑面而来，吟诵的是千百年来的老调，却也独具韵味，不失为诗坛的一股清流。

在随后的1984年的春晚上，香港歌手张明敏演唱了歌曲《我的中国心》，1987年春晚，黑发碧眼的费翔又演唱了一首《故乡的云》，1992年，《乡愁》也被谱了曲搬上春晚，于是，这乡愁就像海潮一样一浪又一浪地抚拍着中华大地，引起人们无限的幽思。

今天我们再来看《乡愁》，短短几行，并不能挑出什么太华丽的字眼，但组合在一起就是有一种神奇的魔力。其笔下浸润的哀凉与无奈是那样的悠远绵长，就这样静静地流淌进你心灵的深处，使你感同身受。你会觉得，对呀，这就是我的乡愁，乡愁就该是这样的。如果你是一位母亲，你或许会想到孩儿与你分别时那仰头望你的小脸和那不肯松开的小手；如果你曾经热恋过，你或许会想到月台送别时那隔着火车玻璃窗含泪望你的目光；如果有至亲的人已经离开了你，你顿时会想到阴阳两隔，无限凄凉。这就是诗的力量，也是诗人的才华和风骨成就了这种力量！你可能想象不到，这样一首笔力沉阔的诗，诗人写下它只用了 20 分钟。为什么能够这样行云流水？诗人 1950 年随家人迁居台湾，到 1971 年写就这首小诗，离乡整整 20 年，乡愁也就发酵了整整 20 年，一旦落笔，自然一气呵成、一挥而就了。

《乡愁》的成功，在于它精到的譬喻。不错，乡愁不就在这小小的邮票中、窄窄的船票上、矮矮的坟墓里吗？可小也罢，窄也罢，矮也罢，却偏偏思念在两头，无法逾越！那还用写什么相思绵延、肝肠寸断？所有的情绪不都已跃然纸上了吗？但这些又都是常人的小情绪，真正体现诗的格局的，真正让诗人一鸣惊人的，还是那湾“浅浅的海峡”。海峡虽浅，诗人却 20 年没能跨越，而且写诗的当时，何时能再跨越也遥不可知。事实上，是又过了 20 多年，1992 年，余光中才又回到大陆。1992 年，这是个普通也特殊的年份，如果你在百度上搜索“1992”和“祖国”两个关键词，会搜索到什么？“九二共识”。没错，没有人可以游离于历史之外，人们总是在历史所能提供的舞台上演绎着自己的人生。40 年后余光中回来了，那时人已老，物也非，一切都不复从前的光景，所以他感慨，故乡变了，文化的乡愁永远难解！

不知道有多少人，和余光中一道，日复一日、年复一年，隔着这湾浅浅的海峡，想着对面的亲人，是否还在？是否安好？只不过，有人是在这头想那头，有人是在那头想这头。想着想着，就白了头，想着想着，就作了古。这乡愁，实际上是台湾对祖国的乡愁，也是祖国对台湾的乡愁。

余光中成就了乡愁，乡愁也成就了余光中。作为诗人，余光中一生产量颇丰，但是人们记得最深的，还是这首《乡愁》。以至于 2017 年 12 月 14 日，当这位诗人病逝的消息传来，无数人不禁自发地自心底吟诵这首《乡愁》，而且边吟诵，边不自觉地流下泪来，以这独特的仪式为诗人送别。余光中之后，自然还会有乡愁，但是无论何时，提起乡愁，人们还是会想起余光中。

一、乡土之恋

（一）农耕文明的乡土本色

为什么我的眼里常含泪水？因为我对这土地爱得深沉……

——艾青

如果细心观察，我们会发现，几乎每年过年，习近平都会进行一次乡土年访，而且去的都是最偏僻和最贫困的地方。2013年春节期间，他去了甘肃定西、临夏；2014年春节期间，他去了内蒙古阿尔山市伊尔施镇；2015年春节期间，他去了梁家河；2016年春节期间，他去了井冈山市茅坪乡神山村；2017年春节期间，他去了张家口张北县；2018年春节期间，他去了大凉山昭觉县……他惦念着中国的每一片乡土，惦念着辛勤地耕耘在乡土上的每一个群众。①

① 参见中国青年网2018年2月18日文章《这些年，习近平的乡土年访去哪了》，记者李沛然，http://news.youth.cn/tbxw/201802/t20180218_11424282.htm.

★ 行行重行行——在中华大地上

诗人艾青曾经说过:“为什么我的眼里常含泪水?因为我对这土地爱得深沉……”乡土对中国人来说意味着什么?为什么中国人的诗词中总有斩不断的乡愁?在中国人的文化血脉里,乡土是一种独特的文化记号。费孝通先生在《乡土中国》中对比了中西方的社会格局,认为中国社会是一种“差序格局”:“西洋的社会有些像我们在田里捆柴,几根稻草束成一把,几把束成一扎,几扎束成一捆,几捆束成一挑。每一根柴在整个挑里都属于一定的捆、扎、把……我们的格局不是一捆一捆扎清楚的柴,而是好像把一块石头丢在水面上所发生的一圈圈推出去的波纹……从己到家,由家到国,由国到天下,是一条通路。”

费先生认为,这种差序格局的坐标在乡土,所以,家乡是一种媒介,一端连着家,一端连着国,家在家乡中,家乡在国中,是人生中推开由近及远的波纹。身处家中,家乡之上便是国,游走他乡,家乡之内都是家。家乡是家国情怀的承载,爱家乡即爱家,爱家乡即爱国!

费孝通先生也正是一个爱家爱国的典范。1968 年,美国哈佛大学著名社会学大师丹尼尔·贝尔列出了他认为对世界有重大贡献的前 100 名思想家,其中唯一的亚洲人就是费孝通。虽然一个学者的评价可能带有个人的偏爱,但是费孝通先生绝对当得起这个头衔。作为一个社会学家,他用一句“脚踏实地,胸怀全局,志在富民,皓首不移”来鞭策和勉励自己,这是他一生求学精神的写照。他曾经说过:“我从早年立志认识和改造中国社会,一生的心思都没有离开过农村和农民。推动我一生学术工作的主要动力就是希望农民富足、农村兴旺，中国强盛。”没错，他是一个不折不扣的实干派，在社会学研究方面，他一生致力于田野考察，他的博士论文“江村经济”，奠定了他社会学巨擘的地位，至今仍是社会学经典。直到 90 岁高龄，他还经常深入乡村进行调研。

其实，费孝通先生最早不是学社会学的。他出生于江苏的书香世家，从小饱读诗书，这使他很早就有立志报国的觉悟。生逢乱世，使他有了革命意识，可随着革命的失败，他又意识到以个人之力无法与民族时运相抗衡，做个“于人有益”的人便挺好。抱着这样的想法，1928 年，他去东吴大学学习医学预科。可是，他丝毫没有按捺住一颗关心国家命运的心。五卅运动之后，他就和一些学生上街游行，后来的一次，学校医务室的校医和学生发生纠纷，学校偏袒校医，开除了一些学生，他也被勒令转学。这一事件使他意识到，学医可以医身体之病，却无法医社会之病，所以他毅然放弃了医学，进入了燕京大学社会学系，后来又由燕京大学考取了清华大学的研究生，毕业后又应导师史禄国的邀请去英国攻读博士学位，并有幸成为世界人类学大师马林诺夫斯基的关门弟子。

费孝通博士毕业后，正赶上国内抗战时期，北平、天津相继沦陷，燕京、清华、南开等高校纷纷迁到昆明，他的老师吴文藻也到了云南大学，在那里筹建了社会学系，担任系主任。国内日趋紧张的局势使费孝通心急如焚，他不顾马林诺夫斯基的挽留，毅然回国投奔吴文藻，他说：“我的祖国正在经受着战争的创伤，我的同胞正在遭难，我是中国人，我必须在祖国最危难的时刻回到她的身边去！”

回国之后，他一边潜心研究，一边积极参与反内战、反独裁的斗争，在报刊上发表文章声援学生运动，反对国民党倒行逆施，所以，他被赋予了“民主教授”的美誉。

费孝通的一生，行行重行行地走在中国的乡土之上。其实早在出国之前，他的行走就已经开始了。1935 年他和志同道合的妻子王同惠同赴广西瑶山调研，山路险峻，向导又先他们而去，两人迷了路，费孝通误入瑶族人设下的陷阱，被石木压住身体，王同惠拼尽力气移开石木，可是他的腿被压伤了，不能行走，于是，王同惠去求援，从此再没有回来。次日傍晚，费孝通才被人发现，七天后，人们在山涧中发现了王同惠的遗体，失踪那天，他们结婚才仅仅 108 天。我们无法想象当时的费孝通心情是怎样的悲痛，但是，他没有就此消沉下去，他立志用一个人的体力完成两个人的工作，凭着这样的坚持，他不知道走过多少孤寂的旅程，但是有一种信念一直在支撑着他走下去，这种信念就是“立志富民”。他曾经说过：“事实上，我一生的目标，唯一的目标，就是了解中国和中国人。”

在农耕文明的社会中，乡土是人们的栖息之所，更是人们孕育希望的地方，近些年，随着中国的城市化进程，中国的乡村正在凋敝，这使好多人又平添不少乡愁，慨叹再也回不去故乡。2017 年 10 月，在党的十九大报告中，习近平第一次提出了乡村振兴战略，紧随其后，2018 年中央一号文件即是《中共中央国务院关于实施乡村振兴战略的意见》，产业振兴、人才振兴、文化振兴、生态振兴、组织振兴，相信在中央的一系列乡村振兴的战略部署中，国人最终可以再回故乡，回得去更加美丽的故乡！

（二）一方水土养一方人

中华大地何其广袤，不同的地貌特点孕育出不同的风俗习惯和风土人情，从而也就使人们有了不同的气质。有人不无幽默地总结道：北京人有局气，天津人有贫气，上海人有精气，重庆人有烈气，海南人有仙气，浙江人有帅气，辽宁人有英气……虽然不能做到绝对精准，但这些比喻也可以说很传神了，它抓住了每个地方人性格中最与别不同的气质。

不同的地域性格也就锻造了不同的文化特质，比方说我们所熟知的黄土文化，它衍生出来一个黄土文学流派，最早是柳青的《创业史》，后来又有路遥《平凡的世界》《人生》，陈忠实《白鹿原》，贾平凹《废都》《秦腔》，个个如雷贯耳，在今天的中国文坛上都有着不可或缺的地位。黄土地贫瘠，所以讨生活异常艰辛，面朝黄土，背负青天，黄土地养育出陕北人的憨直率性。有人说陕西人特别能吃苦耐劳，在《平凡的世界》里，我们印象极深的孙少平、孙少安还有他们的父亲孙玉厚老汉就是陕北人真实的写照。陕西人又有陕西人的倔强和硬气，还记得《白鹿原》里有个经典的桥段吗，黑娃一直恨白嘉轩的腰太硬太直？没错，白嘉轩是黄土高原上老派人的形象，而《平凡的世界》展现的是改革开放前后，陕北农民通过奋斗改变命运的故事。两个本不相关的故事却能够让我们寻出一条中心线索，黄土高原上凝结着一种不怕苦、不服输的精神气质。习近平在陕北生活 7 年，也正是习得了这种气质。说来也巧，早在 20 世纪 70 年代习近平插队的时候，与同为知青的路遥还住过一个窑洞，并且曾经彻夜长谈。今天我们当然不会知道两个读书狂人当时都交流了什么，或许是黄土高原上共同的经历，或许是他们读过的书籍，或许是两个有志青年的人生规划。当然，后来，两个人走上了不同的道路，但是或许我们能够从他们日后的成就看到黄土高原赋予两个人共同的精神气质。

除了黄土文化，很多地域文化都有着浓厚的地方乡土特色。如东北的关东文化。想到东北，我们就会想到白山、黑水、冰天雪地；想到东北富饶的黑土地，“棒打狍子瓢舀鱼，野鸡飞到饭锅里”；想到战天斗地爽朗豪迈的东北人；想到关东独特的民俗，“窗户纸糊在外，大姑娘叼烟袋，养个孩子吊起来”；想到《闯关东》里老老少少相互扶持，历经艰难的长途跋涉，最后被这片黑土地收留的场景。今天，我们更会想到东北老工业基地振兴，想到“冰天雪地也是金山银山”。

还有草原文化，提到草原，我们仿佛就会立刻闻到夹杂着野花野草清香的泥土味。我们会想到“天苍苍，野茫茫，风吹草低见牛羊”的美丽画面；想到草原歌曲的宛转悠扬和马头琴声的哀怨凄凉；想到草原美女翩翩起舞，草原壮汉骑马摔跤的热闹场面；想到草原人大碗喝酒、大口吃肉的洒脱奔放；继而，想到《狼图腾》中关于农耕文明与草原文明、狼性文明与羊性文明之间博弈的论证。

与这些北方文明截然不同的，我们还会想到江南文化的钟灵毓秀、婉约诗性；想到水乡里的乌篷船和“春水碧于天，画船听雨眠”的惬意；想到“千里莺啼绿映红，水村山郭酒旗风”的明快；想到粉墙黛瓦、十里荷花的独特景致；想到苏州园林的精心别致以及江南美女的吴侬软语、似水柔情。尤其江南四月时节的雨，那雨无限纤柔，迎光看得见，落在脸上却只如暖风拂面，几乎无感，北方是绝领略不到这样细致的雨的。也许就是这样的细雨锻炼了江南人独特而敏锐的触感，使他们能写得出那样精致的诗文。

人有故乡，文化有出处，一方水土养一方人，一方水土也孕育出独具特色的文化。

（三）守土卫家，寸土不让

我们伟大祖国的每一寸领土都绝对不能也绝对不可能从中国分割出去。[①]

——习近平

乡土是我们的生命安放之所，国土更是维系国家安全的根本所在，因此，保卫家乡、保卫祖国应该是我们每个人再自然不过的使命。

自古以来，有多少英雄志士为保卫家乡、保卫国土不惜抛洒热血、倾其所有。岳飞的“三十功名尘与土，八千里路云和月”，成为千古忠义的典范，于名利淡薄，于江山却无比壮烈，他用生命兑现了他对母亲和全天下精忠报国的承诺。文天祥，史书记载他“体貌丰伟，美皙如玉，秀眉而长目，顾盼烨然”，而且20岁就高中状元，这样的人才，举世无双。然而他没有恃才傲物，而是将自身与国运紧系在一起，为国家之安危，置生死于度外，面对蒙古强敌刀剑，从无惧怕之心，留下了《过零丁洋》《正气歌》

① 参见新华网2018年3月20日报道《习近平：我们伟大祖国的每一寸领土都绝对不能也绝对不可能从中国分割出去》，http://www.xinhuanet.com/politics/2018lh/2018-03/20/c_1122563203.htm.

等豪气大千的诗句。“人生自古谁无死，留取丹心照汗青”，“天地有正气，杂然赋流形。下则为河岳，上则为日星”，多么磊落坦荡、气吞山河的气概。

与他们相近的，还有爱国诗人陆游。陆游的一生，可谓生不逢时。堂堂七尺男儿，本有报国之志，倾世之才，可偏偏生逢乱世，于是，不能收复失地便成了他此生最大的心结。他出生时，北宋正被金人侵略，他两岁时，金人攻陷了宋都东京，于是，家人开始到处奔逃，颠沛流离，这样的生活，在他幼小的心中留下难以磨灭的印记。陆游的父亲陆宰是一位爱国官员，与他交往的，都是同道中人，可以说他的家中一直是“往来无白丁”的。这些人在与他的父亲交谈中，每每谈到国家败落之事，要么义愤填膺、怒发冲冠，要么黯然伤怀、怆然落泪，这一切深深感染了年少的陆游。他深知人活一世，要以天下为己任，要将国运系于己身，于是，20 岁时，他写下了“上马击狂胡，下马草军书”的豪放诗句。也正是因为这样，他虽诗书了得，却不愿做一个手无缚鸡之力的书生，他宁愿冲锋陷阵，战场杀敌，为收复失地倾尽一腔热血，所以他说“人生不作安期生，醉入东海骑长鲸”。

陆游壮年时，也曾有过战场上的得意，如他在《书愤》中写到“楼船夜雪瓜洲渡，铁马秋风大散关”，这一句中的上半句说的是金主完颜亮南侵，宋军在瓜洲一带抗击，一举将金兵击退的事，当时的陆游也是参与者之一。下半句说的是陆游曾与王炎积极谋划进军长安一事，他们曾与金兵在大散关一带遭遇，并一举击败金兵。两次胜仗，何等畅快，所以陆游形容当时的心情说“中原北望气如山”，可是短暂的胜利却抵不过国运的凋零，北征最终昙花一现，成为泡影。由此看来，陆游的爱国诗不仅豪迈，而且悲壮，透着一种“壮志未酬身先死”的无奈。陆游在诗人中算是长寿的了，可是他活到85岁，依然心愿难了，一首《示儿》，成了千古绝唱:“死去元知万事空，但悲不见九州同。”人之将死，首先想到的不是对此生的留恋，而是记挂着王师北定中原之事。活着的时候看不到北伐成功，死了也要继续等待，仿佛只有他的子孙后代在家祭的时候把胜利的消息告诉他，他才真的能够含笑九泉。这样的情怀，几人能及?

中国人骨子里这种守土卫国的英雄气概一直没有断，延续到今天。我们都不会忘记，在纪念抗战胜利70周年的阅兵式上，有一个抗战老兵乘车方队，他们给我们留下了深刻的印象。不可否认，整个阅兵过程都让人心潮澎湃，让我们自发地为今天祖国的强大而感到自豪，可是，任何一个方队都没有这个老兵方队令人动容。他们扛枪打仗的时候，也是年轻气盛、血气方刚的年龄，他们当时或许想到的只是保卫家乡、保卫爹娘，那时他们或许不会想到今天的祖国会强盛到这样的地步。他们是共和国的缔造者，也是历史的见证者，他们见证着国家在党的领导下由积贫积弱一步步走到今天，并且是替死去的战友见证着。他们中或许有的已经听不清、看不清，或者不良于行，但是方队行至天安门城楼那一刻，他们无一例外地用他们力所能及的幅度向主席台敬礼，那一刻，时间仿佛停止了，全世界似乎都寂静无声。他们行着军礼，而我们在荧幕前泪流满面地向他们行着注目礼，和我们一样泪流满面的，还有那些没有受邀，在电视机前看阅兵的抗战老兵。

时光如梭，这些老兵终究会离我们而去，但是他们为我们所付出的一切我们决不能忘怀。习近平曾经说过，“一个有希望的民族不能没有英雄，一个有前途的国家不能没有先锋。包括抗战英雄在内的一切民族英雄，都是中华民族的脊梁，他们的事迹和精神都是激励我们前行的强大力量。”[①]当然，英雄不仅出现在战争年代，和平年代同样有英雄。2019 年在凉山救火中牺牲的 30 位英雄，让我们的心狠狠地疼，无数民众自发去送别他们，并且泣喊：“英雄一路走好！”的确，为人民守土卫家的，人民永远不会忘记！

① 出自 2015 年 9 月 2 日习近平在颁发“中国人民抗日战争胜利 70 周年”纪念章仪式上发表重要讲话，参见新华网 2015 年 9 月 2 日同名报道，http://www.xinhuanet.com/politics/2015-09/02/c_1116454204.htm.

二、乡音不改

（一）闻音知是故人来

家乡的意义不仅是一方沃土，而且包含着这片沃土上所催生的独特文化，乡音便是其中之一。2015 年习近平携彭丽媛回梁家河，其间有个有意思的现象，他在向人介绍彭丽媛时说“这是我婆姨”[①]。“婆姨”是地道的陕北话，我们还记得无论是路遥的《平凡的世界》，还是贾平凹的《废都》，都引用过陕北那句民谚“米脂的婆姨绥德的汉”。习近平这样的介绍让我们一下子就能想到，他当年插队时，是真的和这里的乡亲打成一片了，不分你我了。另外，他这样介绍也是非常贴心的举动，这会让乡亲们知道，他虽然离开这么多年，但对大家的感情没有变，还是那么亲近，回来就像回家一样。

① 参见新华网 2015 年 2 月 14 日报道《黄土地的儿子回家了——习近平回梁家河村看望父老乡亲》，记者 霍小光，http://www.xinhuanet.com//politics/2015-02/14/c_1114368496.htm.

是呀，乡音是家乡的印记，还记得贺知章的那句“少小离家老大回，乡音无改鬓毛衰”吗？这是古代关于乡音最有名的诗句了。说来奇怪，古语有“人活七十古来稀”之说，就是诗人，也并不都很长寿，“诗仙”李白活了61岁，“诗圣”杜甫活了58岁，那个“诗鬼”李贺就更惨，只活了短短的26岁，苏东坡活了64岁，白居易寿命长些，活了74岁。可是这个贺知章，竟然比前面说的陆游还多活了1岁，他活到了86岁。贺知章究竟离家多少年呢？他说“少小离家老大回”，他具体是什么时候离开的家乡，史书上并没有详细的记载，但是我们可以推算一下，贺知章少年时以诗书成名，36岁考中了状元，从此也就开始在朝廷中为官，至少这时，他肯定是离开家乡的了。那么他是什么时候回家的呢？不幸的是，他回乡这一年，也就是86岁这一年，不久便离开人世。也就是说，他至少在京为官50多年，这简直比待在故乡的时间还要长很多。50多年没有回乡，离家半世，事事皆变，容颜已改，竟然还能乡音不改，这一点是非常难得的，乡音的确是家乡给人一生的印记。

与其他诗人比，贺知章的一生可谓仕途顺遂，他50多年的为官生涯中，一直在步步高升。他告老还乡这一年，唐玄宗亲自为他作诗，太子率文武百官为他送行，这是何等荣耀哇，所以他可以说是衣锦还乡的典范了。他的一生之所以有这样的坦途，与他“雍容省闼，高逸豁达”的性格和谨言慎行、极有分寸的处事方式有着极大的关系。用今天的语言讲，他就是智商情商俱佳，因此拥有了“开挂”的人生。按照常人的想象，他一生中唯一的不如意可能就是他刚一回家就作古了。而其实这样想也是有失偏颇的，在86岁这个年头，也就是天宝三年（744），贺知章生了一场重病，这让他觉得身体大不如前了，这或许就是时日无多的征兆吧，所以才申请告老还乡的，他一定是想回到家乡等待大限的到来。这么说他还是最终得偿所愿了。中国古代做官的人为什么都喜欢“告老还乡”呢？一是中国人讲究做事要拿捏分寸，万事要合时宜，一个人为官一生，能够在官场上挨到晚年，本来不是易事，不等朝廷辞退你，你先给自己找个台阶下，这也叫善终了。另外，说到最后，还是中国人那种“落叶归根”的思想使然吧。

乡音不仅是一个印记，还是一张名片，今天的中国社会人口流动性非常大，尤其是在北上广深这样的大城市，职场环境中打拼的经常是各地精英，虽然今天大家都说普通话，但是各地的普通话还是能混杂着方言特色。东北人怎么讲普通话也还是有一口东北腔。福建人也许觉得自己讲的已经是很地道的普通话了，可是别人听了只能会心一笑，因为他们发音经常“F”“H”不分。当你在他乡漂泊，每日思念着故乡的人和事，忽然身边出现了一个操着家乡口音的人，那肯定有掩不住的兴奋，忍不住上前攀谈几句，这就是闻音识乡人吧。清代诗人许虬的《折杨柳歌》中就道出了这种情感：“居辽四十年，生儿十岁许。偶听故乡音，问爷此何语。”父亲居辽四十年，听到乡音，内心无比激动，而孩子生在他乡，却把他乡当作故乡，把自己的乡音当成“南蛮”之音了。

独特的方言与口音，形成家乡独具辨识度的文化基因，久不相闻，便有“乡音无伴苦思归”之感。无论多遥远，无论多少年，循着乡音，便能找到故乡。

（二）同声同气，守望相助

每个地区的方言都有不同的特点，只是有的方言离普通话不太远，所以说大家一听也就能听出个八九不离十，而有些地区的方言可就不是这样了，要学会它可能不亚于学一门外语了。闽南话就是这样的，笔者曾在泉州学习 3 年，这 3 年下来，闽南话听也只能听懂两三个词，说就一句也不会。据说闽南地区的口音确实极为复杂，就是不同村落之间可能也是有差别的，不过对我们这些外地人来说倒也无所谓了，反正听起来都差不多，怎么也是不懂的。

我们再想习近平，他会讲陕北的“婆姨”，会讲河北的“圪蹴着吃饭”，可是他在福建工作了 17 年，却不见他公开讲过闽南话，当然也不代表他就一点不会讲，但起码这个难度系数是高出很多的。不过，对于闽南语，2017 年 10 月，台湾《旺报》发表了这样一条消息：“在闽十七年听懂闽南语，习近平与台湾渊源深。”[①] 看来，在福建期间，习近平是刻意学习过闽南语的，起码是能听懂的。习近平在福建时，确实为台商做了不少事，对待他们，他总是以“老朋友”相称，并且提出“马上就办”的原则，建立了一个服务台商的高效能地方政府机关，在台商中口碑是极好的。在习近平的主导下，厦门设立了第一家台商会馆，在福州建立了第一座以台资企业为主的工业村。习近平还多次接待过台湾政坛的知名人士，包括 2000 年回福建永定祭祖的时任国

① 参见中央电视台“海峡午报”栏目 2017 年 10 月 26 日报道《〈旺报〉：在闽十七年听懂闽南语　习近平与台湾渊源深》，http://news.cctv.com/2017/10/26/VIDEGddii8v5b3v90TdcwDKT171026.shtml.

民党副主席吴伯雄、2005 年应邀到访杭州的两岸共同市场基金会董事长萧万长、2010 年在海南参加博鳌论坛的两岸共同市场基金会最高顾问钱复。所以，台湾的政商界对习近平的评价很高。[①]

如果说在福建时习近平学习闽南语是为了真正了解民情，那么主政全国之后，他再强调闽南语的重要性，更多的就是面向台湾问题的，同声同气，方能守望相助。香港的《大公报》曾经报道过，习近平在走访台盟中央时，对青年工作人员说："你们要学习闽南话，将来跟台湾交流更亲切。"[②]就此，我们还可以回想起另外一幅场景，习近平当年在宴请连战时，曾经用陕西话与连战交流，因为连战出生在陕西，8 岁才离开西安。一样的想要同声同气，一样的是为了守望相助。

说到台湾，我们还要提到一个人，那就是爱国将领张学良。记得有一次，笔者看到一个关于张学良的纪录片片段，叫《世纪行过》，是根据张学良晚年口述自己的人生经历而拍成的。片中，九十几岁的张学良依然精神健旺，思路清晰，最让人记忆深刻的，是他说的一口纯正的东北话。而拍片的当时，张学良离家也将近 60 年了。当两个孩子用清澈明亮的声音唱起那首《松花江上》时，镜头捕捉到了老人那微妙的表情变化。"我的家在东北松花江上，那里有森林煤矿，还有那满山遍野的大豆高粱……'九一八'，'九一八'！从那个悲惨的时候，脱离了我的家乡，抛弃那无尽的宝藏……哪年，哪月，才能够回到我那可爱的故乡？

① 参见中国新闻网 2013 年 2 月 22 日报道《港报：高层对台工作有渊源　主政助提升互信》，http://www.chinanews.com/hb/2013/02-22/4587680.shtml.

② 参见人民网—港澳频道 2013 年 1 月 9 日报道《港媒：习近平促青年学闽南话"知台"思路务实》，http://tw.people.com.cn/n/2013/0109/c14657-20137783.html.

哪年，哪月，才能够收回那无尽的宝藏？！爹娘啊，爹娘啊。什么时候，才能欢聚一堂？！”

这首东北人再熟悉不过的歌曲，记述的是九一八事变之后东北流民的悲惨境遇。九一八事变，张学良是主要当事人，他当时主政东北，这些景象他当然都是看在眼里的。今天，网络上很多人质疑他当时为什么没有出兵抵抗，在这部纪录片中，张学良讲述了他当时的心路历程。他说他当时认为日本是在挑衅，在这之前，日本已经多次挑衅了，如果我方先开枪，正好给日本人开战的借口。这之前，由于张学良的血气方刚、意气用事，东北军在和俄国人的较量中，损失惨重，这样的经历让他明白，那时的中国国力衰微，光靠一腔热血是无法战胜强敌的。我们不否认当时张学良有判断失误的地方，他以为这只是日本人无数次挑衅中的一次，可没想到日本人这次野心如此之大，他们想要攫取的是整个东北乃至全中国。

当然，历史不能假设，我们无法去设想当时张学良要是还击了，历史会不会出现转机。最起码，张学良没有把不抵抗的罪过完全抛给蒋介石，这足以证明他的坦荡磊落。再结合他在西安事变中和杨虎城将军可以说改写中华历史的英勇义举，我们完全有理由相信他绝不是贪生怕死之辈，也不是维护一己私利之徒。

《世纪行过》拍摄于 1993 年，张学良是在 1901 年出生的，当年已经 92 岁了，他从 1938 年起，一直被囚禁，1946 年 10 月被送到台湾，到 1990 年蒋氏父子都去世之后才被释放，整整被囚禁 52 年。此时再提东北，该是怎样的伤怀。我们应该感谢这部纪录片的制片人郭冠英先生，他抓住了宝贵的时机，让张学良在最后有限的自由岁月里亲口为我们解开了许多发生于他身上的历史谜题，也让历史还原了一个真实的张学良。要知道在很长的一段时间里，台湾的历史课本里对张学良的称呼是“国家罪人”。在纪录片中为张学良演唱《松花江上》的两个孩子，正是郭冠英的一双儿女。2008年，他的女儿郭采君在复旦大学读书时，讲述了父亲当时让他们给张学良唱歌的情景。她说他父亲是想让张老先生对他们印象好，好能更加无负担地面向镜头讲述自己的人生。在郭采君看来，如果历史是一枚胡桃核，那么她爸爸就是胡桃钳。她说爸爸告诉她，张学良先生一生最得意的一句话，就是《世纪行过》里面最后一句话。张作霖死后，日本派元老级重臣林权助来沈阳吊丧，林权助说尽好话，告诉张学良不能易帜统一，张学良回答他说：“林先生，你所替我想到的，比我替我自己想的都周全，但是你忘了一件事，你忘了，我是个中国人！”

是呀，张学良从没忘记他是中国人，他的一口东北话提醒着世人他的身份。他一生再没回过大陆，没回过东北，可是他鼓励他的子孙回去寻根。他的孙子张居信有一次在电视节目中讲，自己从小在美国长大，在爷爷的鼓励下，1996年，他回到大陆，在北大读书，在这期间，他回到了东北，回到了沈阳，现在，他是东北大学的客座教授。当然，张居信不可能会讲东北话，就是中文也讲得不太好。小时候家里让他学中文，他不懂其中的意义，所以学得很马虎，现在，他了解了家族的历史，懂得了学习中国话的意义，所以他要让自己的小孩都学习中文。在节目中，张居信说自己还有个弟弟，名叫张居仰，名字是祖父为他们取的。祖父以“信仰”二字为他们命名，想必是要告诉他们，人生当以信仰立地，而这信仰，首先就是中国人的家国情怀，无论是台湾同胞还是海外侨胞，要记得我们共同的源头，同声同气、守望相助！

（三）乡音不改，初心不变

乡音是家乡的印记，是故乡赋予我们的一张名片，可是不知道大家是否有这样的担忧，有一天，我们的乡音会不会再也没有了？这样的担忧不是多余的，随着教育的普及，越来越多的孩子学习普通话，长大后，这些孩子可能会离开家乡去上大学，去工作，使用方言的机会就越来越少了，他们的孩子就不会再出生在家乡，也就根本不会再说方言了。那么，普通话普及的今天，方言是不是就不需要存在了？对此，在微博上有人说了一句很耐人寻味的话："普通话可以让你走得更远……但是方言，可以让你不忘记你从哪里出发。"

的确，家乡是一个人的出处，乡村振兴，一个很重要的环节是乡村文化振兴，而乡村文化振兴不能不包括方言的保护和传承。据统计，这个世界上一共有6000多种语言，而伴随着城镇化的进程不断加快，每两周就有一种语言在消失。我们国家有多少种语言呢？130多种，当然，这主要是少数民族的语言，这些语言中除了几个人口较多的民族语言外，其他的都已经濒危了。而一种语言的消失，也就意味着在不久的将来一种文化将出现断流。少数民族的语言来自少数民族的故乡，离开民族聚居地，人们也就很少有机会再讲民族语言了，方言的流失和这个是同一个道理。对此，湖南电视台著名的主持人汪涵深有同感。从40岁起，他就想成为一个方言的保护者，他曾说过，1949年10月1

日，毛泽东是用浓重的湖南口音宣布“中华人民共和国成立了”的，我们不敢相信，有朝一日，这种语言在世上消失了该有多么可怕。的确，没有乡音，何来乡愁？对于保护方言，汪涵不仅有想法，而且在行动，他自费465万元，计划用5到10年的时间，组织10支调查研究团队，对湖南53个调查地的方言进行搜集研究，用声像方式保存方言资料。在这之前，他曾经担纲主持第一档方言类节目《越策越开心》，由他发起，六省联合主办了《多彩中国话》节目，他还牵头主办了名为《十三亿分贝》的方言音乐节目。他对方言的保护，让我们看到了他对故乡文化的执着和坚守，看到了一个公众人物应有的担当。

当然，对乡音的保护不仅意味着要保护方言，还要保护地方剧种，因为这些地方剧种是一种方言得以传承的重要载体。秦腔、川剧、江南小调，各有各的风情，配酒、配茶、配热辣火锅，各有各的味道。从小耳濡目染，张口便哼上几句，不知不觉中，家乡赋予一个人独特的审美格调。我国地方戏的种类非常多，仅湖南省就有19种之多，而山东省竟然有28种之多。随着时代的发展，这里面自然会有个大浪淘沙的过程，因为这些剧种本来受众人数就不同，随着人口的城镇化进程，有些就渐渐没有听众了。我们当前需要做的就是力所能及地进行保护。保护地方戏，要做的工作很多，要有人唱、有人听，还要有人学。2017年，中央出台了《关于戏曲进校园的实施意见》，于是，从2018年起，包括京剧在内的各种戏曲在中华大地上重新火起来，它们走进校园，去吸引一颗颗好奇的心灵，去感染一张张稚气未脱的脸庞，于是，地方戏也借此机会焕发了一次生机。

的确，传播地方戏，确实需要创新形式，不断引进创新机制才会让古老的剧种焕发出新的生命力。河南电视台有个《梨园春大擂台》节目，它以河南的豫剧为主体，汇集了各种地方戏曲，以戏迷打擂台的形式呈现，从1994年创办至今，已经走过了26个年头了。26年，多少看这个节目的少年已变成中年，多少红极一时的节目最后都办不下去了，可是一个戏曲类的节目却一直长盛不衰，成为中国戏曲节目的领航者，斩获国内国际大奖无数。为什么它能获得如此巨大的成功？因为它能够让无数的戏迷、票友有自己的舞台。它环节紧凑，有代入感，能够以竞技的形式让观众欣赏到高潮迭起的表演。最重要的是，它吸引了一大批青少年去走入地方戏，成为戏迷，甚至想去学戏，使得这些古老的艺术有了传承下去的希望。

戏曲不仅仅是一种乡音，千百年来它一直是一种爱国主义和忠义情怀的重要表达方式。也有不少戏曲艺术家德艺双馨，台上台下都诠释着拳拳赤子心，殷殷爱国情。著名的豫剧大家常香玉就是这其中的典范。她9岁学戏，到81岁辞世，钻研戏曲整整72年。作为表演艺术家，她对技艺精益求精，定下了“戏比天大”的最高标准，她言称，只要活着，就不能没有豫剧。作为爱国艺术家，她时刻心系祖国，1951年6月，中央人民广播电台发布了一条消息，中国人民志愿军某高地遭受百余架敌机狂轰滥炸，全连战士壮烈牺牲。听到这个消息，举国悲痛，常香玉也是一夜没睡，第二天早上，她和丈夫陈宪章商量：“我们武器装备落后，志愿军在朝鲜打得太艰苦了，咱们捐架飞机，中不中？中咱就干。”陈宪章说：“中，干吧！”其实，当时常香玉手中的钱并不多，但是倔强的她卖掉了运输卡车，取下了金戒指，拿出了积蓄，并连续义演178场，筹到旧币15.2亿元，相当于现在人民币的4000多万元，终于为中国人民志愿军筹得了一架战斗机。今天这架战斗机就存放在北京郊区的中国航空博物馆里。常香玉的举动感动了所有中国人，当年，在常香玉的感染下，许多姑娘捐掉了自己的嫁妆，全国总计捐款55650.37万元，可购战斗机3710架。常香玉的事迹也感动了中南海，1952年，毛主席在观看完常香玉演的《拷红》后握着她的手说："你这个香玉了不起嘛！我该向你学习。"

是呀，我们都该向她学习，乡音不改，初心不变！

三、乡亲难舍

政策好不好，要看乡亲们是哭还是笑。[1] ——习近平

家乡不仅包括那山、那水、那曲、那调，家乡最重要的是家乡的人，是乡亲！《增广贤文》中有一句话说，美不美，故乡水，亲不亲，故乡人。在家乡生活时，你或许不知道乡亲对于你是什么意义，觉得他们就是你身边可有可无的人，可是一旦离乡，你就会觉得家乡的人原来那么亲近，随意拉家常都那么热络，大事小情都能互相帮衬。若能在他乡遇见同乡人，别管以前是否熟识，都会油然而生一种惬意。“老乡见老乡，两眼泪汪汪”说的就是这层意思。

（一）邻里乡亲

乡亲结于地缘，阡陌交通，鸡犬相闻，如此近距离地接触，

① 参见央广网 2015 年 8 月 10 日报道《习大大下乡记：“政策好不好，要看乡亲们是哭还是笑”》，http://politics.people.com.cn/n/2015/0810/c1001-27439372.html.

吃百家饭、穿百家衣，相互扶持、相互帮衬，早已亲如一家人。别家的饭香会飘过你的屋檐，你家小孩哭闹马上就会有邻居来哄，“远亲不如近邻”，这就是再自然不过的乡土亲情。

诗人陶渊明当年寄情田园，不仅为乡村生活那份悠闲自在，而且是为与佳邻相伴——“昔欲居南村，非为卜其宅。闻多素心人，乐与数晨夕。”是呀，在乡间生活，周围相伴的都是淳朴的“素心人”，经过门前的时候互相招呼，聚在一起则共饮美酒，需要务农时就各忙各的，农闲时又互相思念，思念了就披衣相访，并且“言笑无厌时”，这样单纯的生活境遇对于文人来说是多么惬意抒怀的事呀。无怪乎陶渊明宁愿过那粗茶淡饭的乡间生活也不愿为那五斗米折腰呢。

伟大领袖毛泽东和他儿时的邻里乡亲也有一些有趣的故事。新中国成立后，他对家乡和父老乡亲充满了思念之情，仅 20 世纪 50 年代，他写给亲朋故旧和父老乡亲的信就有 100 余封。这些书信就像一条无形的纽带，把领袖和乡亲紧紧联结在一起，领袖记挂着乡亲们的一切，每封信、每个字都饱含着他对家乡的一片炙热深情。

毛泽东家的下首屋场，住的是一户姓邹的人家。主人邹春培胸中颇有文墨，在家开设启蒙馆。毛泽东 8 岁上学，启蒙老师便是邹春培。邹春培有个儿子，名叫邹普勋，小名亨二，绰号皮蛋，与毛泽东年龄相仿。他和毛泽东既是邻居，又是同窗，自小就十分要好。他们一同上山打柴，一同去田边放牛，采到刺莓、栗子，就共同分享。当然，他们也打过架，那是为着好玩，极少有当真的时候。就在新中国成立之后的一两天，毛泽东的九弟毛泽连去北京看望主席，主席连连向他询问皮蛋的事情，当他得知皮蛋身体不好、生活窘迫的时候，就嘱咐弟弟给皮蛋捎信，下次一定要来北京住一住。

毛泽连回家后，给邹普勋捎来了毛泽东的问候。邹普勋感慨万分，毛泽东仍然是这样重感情！他立即给毛泽东去信表示感谢，同时也介绍了家乡和个人的生活情况。他说他也想念毛泽东，但由于自己患病一年多，手边又比较窘迫，暂时不能去看他。毛泽东很为老友担忧，于1950年5月15日给毛宇居写信，请他对邹普勋“酌为接济若干，容后由弟归还”。并写信给邹普勋问其详细近况。1952年8月，毛泽东再次捎信，邀邹普勋去北京叙旧。于是邹普勋在一干人的陪同下于9月21日到了北京，见面时，两人均已60多岁，毛主席对老伙伴还以儿时的绰号相称，感觉异常亲切。在京期间，邹普勋等一行游览了北京的名胜古迹。毛泽东又专门派人领邹普勋去检查身体，回来时，送他葡萄酒6瓶，苹果18公斤，人民币200万元（旧币），以及鹿茸精一瓶。

1954年冬，邹普勋和几位乡亲相约去北京为毛泽东祝寿。毛泽东说：“亨二哥你还年长我一岁，让你来为我祝寿，讲不通。再说，我历来不做寿。老朋友见了面，就谈天讲古吧！”

1959年6月26日，毛泽东回乡，第一个早晨为父母扫墓下山时，路过邹普勋家。他想进去看望老朋友，公社书记毛继生却说：“亨二阿公去年去世了！”毛泽东一愣，喃喃说道：“他才67岁，还可以多活几年啊！”

毛主席一生丰功伟绩，这则小事或许不算什么，但是我们会发现，凡伟大的人物都有最质朴和本真的一面，而这种质朴的情怀其实是自小在家乡生活中与家乡人的水乳交融而形成的。以小见大，这样的情怀才能成就千秋大业！

邻里的相处其实濡染了我们爱他人的能力。记得俞敏洪讲过这样一件事，在家乡时，有一次，快要下雨了，邻居家晒着稻谷，人却不在家，母亲带着全家把邻居家的稻谷收到一个避雨的角落里，结果自己家的谷子没来得及收被雨淋了。他向母亲抱怨，母亲却说远亲不如近邻，人好是一个人立地的根本。后来他上大学，每天给寝室的同学打水，从无怨言。再后来，当他想要创业的时候，去求他的同学们帮忙，他们很快答应了，有的毅然从海外回国跟他一起干，他们对他说："我们不为别的，就冲你在大学为我们打了四年的水！"他印证了母亲的话，这个叫"李八妹"的瘦瘦小小的母亲，这个没有什么文化的母亲，告诉了他一个最质朴的真谛：人好是一个人立地的根本。他靠这一个信念成就了今天的事业，而这一信念是儿时通过帮邻居收谷子学会的。

（二）父老乡亲

乡亲亲于亲缘，在古代，乡亲是血缘与地缘交织而成的身份，即使到了现在，很多村落仍然共享一个姓氏，是血浓于水的亲情。当然了，长期居住在一起，即使没有亲缘关系，也会慢慢滋生出一种亲情，所以乡亲皆以父老相称。"啊父老乡亲，啊父老乡亲，树高千尺也忘不了根！"彭丽媛演唱的这首歌，恰恰说明了父老乡亲一词蕴含的深情厚谊。

提起"父老乡亲"，我们恐怕首先会想到的就是当年西楚霸王项羽的那句"无颜见江东父老"。人生的末路上，他为什么会发出这样的感慨呢？项羽和他的叔父项梁是在吴中起家的。项梁是楚国名将项燕之后，项燕当年曾为抵御秦国力战至死，世人敬他是英雄，所以也就对他的后代项梁敬爱有加。项羽本人孔武有力，本领过人，所以有不少青年子弟愿与他结交，并追随他南征北战。叔侄二人起兵时，便一呼百应，集结了八千兵力，号称“江东八千子弟兵”，这是西楚义军中最精锐的部队，以这八千精锐为基础，项羽征战四方，并取得巨鹿之战的胜利，队伍迅速壮大，使得项羽有了统一天下的实力。可叹，既生瑜，何生亮？一代枭雄项羽却偏偏遇到了另一个善于用人的枭雄刘邦，最后在垓下被围，四面楚歌之下，只剩八百人突围，渡过沼泽后又走错了路，身边只剩二十八人。此时，乌江亭长乘一叶小舟来接应他，劝他说，江东尚有千里沃土，百万子民，只要过江东，还有与刘邦分庭抗礼的希望。可项羽自叹八千子弟兵只剩他一人，无颜见江东父老，再加上怕将战火引进江东，除牺牲更多外并无太大胜算，而失掉虞姬，也让他觉得了无生趣，于是自刎在乌江旁。项羽的失意也因他太过刚愎，所以时隔千年，女词人李清照提及他，还是不禁慨叹：“生当作人杰，死亦为鬼雄。至今思项羽，不肯过江东。”《水浒传》中也曾有一诗呼应：“九里山前做战场，牧童拾得旧刀枪，顺风吹动乌江水，好似虞姬别霸王。”虽然凄凉，虽然悲壮，但是项羽与江东父老的情真意切却是真的。他成也好，败也罢，人生轨迹凝结了多少父老乡亲的支撑啊！

前面我们提到习近平在梁家河的 7 年，与当地父老乡亲建立了深厚的感情，他后来回忆说，最难忘的，还是临走的那一刻。

1975 年 10 月 7 日是习近平离开梁家河的日子。前一天晚上，他和乡亲们拉话一直到深夜，第二天早上起得较晚。当他早晨推开门走出窑洞时，看到院子里、道路旁站满了人——大人、孩子、老人，全村人都来了。大家手里拿着红枣、小米，默默地站着。他的眼泪一下子流了出来，这是他第一次当众流泪。

人群里也有人忍不住哭了起来。一位老婆婆拉着习近平的手说：“你在这儿受罪了。到了好地方，可别忘了我们呀……”

习近平流着泪说：“你们对我这么好，我不走了，就在这儿扎根一辈子！”

“你快走，你上了清华大学，以后我们有条件去北京，就有人管饭了。”一位“小伙伴”向他吼叫。

这天，村子里的人都没有上山干活，他们排着长队为习近平送行，一直送到十多里外。梁玉明、石春阳、张卫庞、吕侯生等12个人步行40多里，和习近平一起来到延川县城。

晚上，大家住在吕侯生的三伯吕能胜在县百货公司的宿舍里。

10月8日，他们到照相馆照了一张纪念照，其中很多人都是第一次照相。照相花了5元5角钱，大家凑齐了这笔费用，坚持不让习近平出。照片中，习近平坐在前排当中，脸庞瘦削，外衣的扣子一丝不苟地扣着。

梁玉明一直把习近平送到了延安，送他搭上了南下的客车……

“我把心留在了这里。”

多年以后，习近平对梁家河这片土地做了深情的回望——

在他看来，梁家河是他人生的一个转折点。因此他说：“脚踏在大地上，置身于人民群众中，会使人感到非常踏实，很有力量。”

在他看来，梁家河是一所学校，他在这里收获很多。他说："最大的收获有两点：一是让我懂得了什么叫实际，什么叫实事求是，什么叫群众……二是培养了我的自信心。"

在他看来，艰难困苦能够磨炼一个人的意志。他说："7 年上山下乡的艰苦生活对我的锻炼很大，后来遇到什么困难，就想起那个时候在那样困难的条件下还可以干事，现在干吗不干？你再难都没有难到那个程度。这个对人的作用很大。一个人要有一股气，遇到任何事情都有挑战的勇气，什么事都不信邪，就能处变不惊、知难而进。"[①]

（三）天下乡亲

我将无我，不负人民。[②] ——习近平

天下乡亲是军民之亲、亲于家国大义，这个乡亲就是人民群众。战争年代，许多群众几乎倾其所有地支援军队。陈毅老总当年说过一句话："淮海战役的胜利，是人民群众用小车推出来的。"他为什么会这样说？行军打仗最重要的是后勤补给，古人有云：兵马未动，粮草先行。说的就是这个道理。淮海战役双方都出动了大兵团作战，参与人数多达数十万，这么多的人需要许多粮食和弹药补给，但是解放军的汽车等交通运输工具不能完成这么大的任务，解放区的劳动人民在共产党的带领下自发地使用自己家的小推车帮助解放军向前线运送物资，因此出现了浩浩荡荡

---

① 摘自央广网大型广播纪实文学《梁家河》第九集：泪别梁家河，http://news.cnr.cn/2018zt/liagnjiahe/gaojian/20180627/t20180627_524284278.shtml.

② 摘自人民日报客户端 2019 年 3 月 24 日报道《习近平：我将无我，不负人民》，http://www.xinhuanet.com/world/2019-03/24/c_1124275623.htm.

的小推车大军，这也充分说明了共产党领导下的解放区人民对于解放军和共产党的爱戴。当然这也从侧面反映了国民党的不得人心。淮海战役在解放军兵力处于弱势的情况下取得了伟大的胜利不能不说是一个奇迹，但这也是必然的。国民党在中原战场上是掌握有战略主动权的，他们集结着 80 万“武装到牙齿”的机械化重兵集团，可以用现代化的交通工具来保障军队供给。而共产党一边，不光武器装备低劣，后勤给养也处于极其原始的状态，可是在共产党的号召下，解放区的老百姓发出了“倾家荡产为前线”的呼声，动员了大量人力物资，保障了大规模战争得以顺利进行。民心的向背似乎可以成为战争胜负的风向标，正是基于这一点，毛主席曾经说过历史是人民创造的，只要得到人民的拥护就能打倒一切来犯之敌。

淮海战役中出动民工 543 万人，其中随军常备民工 22 万人，二线民工 130 万人，后方临时民工 391 万人；担架 20.6 万副，大小车辆 88 万辆，挑子 30.5 万副，牲畜 76.7 万头，船只 8539 艘；筹集粮食 9.6 亿斤，运送到前线的粮食 4.34 亿斤。参战兵力与支前民工的比例高达 1∶9，强大的后勤补给，是胜利的保证。不仅如此，百姓们还帮助我们的军队抢修运输物资的路线。在修复济南至兖州的铁路时，鲁中南区动员组织了 18 万多民工、3.5 万工人，突击 52 天，修好铁路桥梁 31 座、铁路 128 公里。在修复兖州到临城的铁路时，鲁中南四专区的群众和铁路工人提出“快修铁路、支援前线”的口号，男女老少齐动手，修路基，扒石子，铺道床，填土方。为了解决道木，群众把准备盖房的木材捐献出来、把自家院子里的树木伐掉做道木，做成了 17 万根。为了解决夹板与道钉，几百家铁匠炉日夜劳作，做出了2.5万副夹板、75万个道钉。临近战区的鲁中南地区，从10月20日至11月20日，在陇海路北的大片新解放区内修通了临沂到滋阳、台儿庄、潍县等长达1300余里的31条公路，大路95里，开辟附路转道99处，修建桥梁380座，使鲁中南地区的主要交通干线全部畅通无阻。民工们还负责运送伤员，解放区的妇女凿开冰河给伤员洗血衣。

解放区人民热烈响应党提出的“到前线去，到主力去”的号召，把参军当作自己高尚的使命、神圣的职责和光荣的义务，争先恐后，积极报名，掀起了轰轰烈烈的参军运动。大批地方武装荣升主力，源源不断地开赴前线。在参军运动中，涌现出许许多多“父母送子”“妻子送郎”“兄弟相争”“村干带头”的动人事迹。有不少村庄荣获“武状元村”“扩军模范村”“动参模范村”等称号。

上述铁一样的事实充分证明，战争离不开人民的支持！古人说得民心者得天下，今天历史唯物主义者坚信人民群众是历史的创造者。“最后一尺布用来缝军装，最后一碗米用来做军粮，最后的老棉袄盖在了担架上，最后的亲骨肉送他到战场……天下乡亲，亲如爹娘，养育之恩不能忘，高天厚土永不忘！”我们党，我们的军队能够取得今天这样的成绩，我们的国家能有今天这样强大，完全是与人民群众的支持分不开的。

月是故乡明

“露从今夜白，月是故乡明。”这是杜甫《月夜忆舍弟》中最经典的一句。原诗是这样的：

戍鼓断人行，边秋一雁声。

露从今夜白，月是故乡明。

有弟皆分散，无家问死生。

寄书长不达，况乃未休兵。

古往今来，借月亮来表达思乡之情的文字不胜枚举，这一句却几乎是最直指人心的，因而它也是传播度最广的，影响最深远的。其实，这首诗的意境并不复杂，看题目就知道，杜甫当年写这首诗是为了抒发对弟弟的思念之情。写诗的背景是什么呢？安史之乱。生逢乱世，本就波折，所以杜甫的诗中尽是忧国忧民。想想那首有名的《茅屋为秋风所破歌》，即使他已为狂风卷去屋上的“三重茅”，即使他“床头屋漏无干处”，他心中想的却还是“安得广厦千万间，大庇天下寒士俱欢颜！风雨不动安如山”。而且能做到“吾庐独破受冻死亦足”，这样的情怀，古往今来，几人能及？

无怪乎中华千古，成就诗人无数，而能叫作“诗圣”的只此一人。当然，“诗圣”心怀天下，也不可能不忧心自己的小家，家国情怀本就相通。《月夜忆舍弟》这首诗成于759年，也就是乾元二年。那一年，杜甫身在秦州，安禄山、史思明从范阳引兵南下，攻陷汴州，西进洛阳，山东、河南都处于战乱之中，他的几个弟弟正好散居于这一带。古代社会，信息不畅，再加上山高路远，分别一次，也许就再也不能相见了，而战乱使得各种不确定性放大了。所以，杜甫非常忧心弟弟的安危，焦虑和担忧无处寄托，只能寄情于明月，其实，他更想表达的是对山河破碎的悲伤与无奈。

“月是故乡明，人是家乡亲。”斗转星移，白驹过隙，时隔1200多年后，2015年中秋，我们的国家主席习近平远在美国西雅图出席美国侨思欢迎招待会，他给侨胞们带去了月饼，并向侨胞们致以节日的问候。[①]他借用了杜甫这句话，却与杜甫是截然相反的心情。此时的中国，正值太平盛世，经济蓬勃发展，政治清明，文化繁荣，社会安定团结，美丽中国的建设正在路上，作为国家的第一领导人，习近平在出访美国这样的大国时也足够自信，他一举手、一投足都彰显了大国风范。他带着这样的自信欢迎侨胞们“常回家看看”，他的自信，也充分感染到侨胞们。当年杜甫望月思乡，带着无尽的忧伤，而今华侨们望月思乡，带着无比的自豪，这自豪是因为背靠强大的祖国。他们自豪，祖国变化，日新月异，高铁、大飞机、航母、潜艇、卫星，40多年的改革开放之路，中华大地早已旧貌换新颜；他们自豪，中国速度，

① 参见央视网2017年10月4日报道《月是故乡明，人是家乡亲——习近平的中秋时间》，http://news.cctv.com/2017/10/04/ARTICnUmOFDzLbSPgjqLFMDt171004.shtml.

无人能及，经过连续 40 多年的高速发展，今天的中国无疑已经成为世界上最具潜力的土地；他们自豪，回到家乡，会看到家乡的山更青了，水更绿了，美丽中国为世界环境的改变做出了巨大贡献；他们更加自豪，利比亚撤侨、也门撤侨，祖国在侨胞们最危难的时候是绝对可以给他们以保护与支撑的。于是侨胞们发自内心地喊出“祖国真强大，我们真自豪！”“中国成就，我们引以为荣！”于是，越来越多的侨胞愿意回国，家乡的距离不再遥不可及！月亮是一个思乡的符号，但古今寓意却大不相同。

一、咏月寄乡愁

（一）望月思乡——国人独特的文化符号

中国人，特别是文人，对月亮有一种特殊的喜爱，他们尤其爱借月亮表情达意。“诗仙”李白，一生留下诗作900余首，其中竟有320首与月亮有关;《唐诗三百首》中，与月亮有关的诗就有上百首;《全唐诗》中，以中秋赏月为主题的就有111首；宋词中咏叹中秋月的则更是多达210首。事实上，唐宋著名的诗人中，没有哪个是没有歌颂过月亮的。虽然说月亮主“阴”，但是古人对月亮的歌颂却远远超过太阳，这大概源自于中国远古时代的母性崇拜吧。

中国人对于月亮的亲近，最初应该是由于月亮是离人最近的星体，它让人感觉那样切近，却又完全不可触及，因此有着一种若即若离的美感。人类自远古时代就开始对月亮有着无限的好奇和向往，后来有了农业生产，人们开始根据月亮阴晴圆缺的变化来推测天气的变化，决定农业的作息秩序，这就是《吕氏春秋·贵因篇》中说的“审天者查列星而知四时，推历者视月行而定晦朔”。我国当前仍在使用的“阴历”（或称“农历”）就是一部月亮历法。除此之外，中国古代有很多关于月亮的传说，“玉兔捣药”“吴刚伐桂”“天狗吃月”“嫦娥奔月”等，人们把自己所能想象到的人间的故事与无法触及的月亮联系在一起，把关于月亮的文化营造得更加美妙和浪漫，为月亮蒙上了一层神秘而美丽的面纱。

中国人爱月亮，不仅因为它流露出的神秘浪漫的气息，而且它作为一种文化符号，与家国情怀、思乡情绪最为贴近。

★ 月之圆满

在中国传统文化中，月亮的第一层寓意就是圆满。中国人常常以月之圆满喻家人团聚、人生得意、国家统一。宋代的晁端里在《行香子·别恨》中提到“莫思身外，且斗樽前。愿花长好，人长健，月长圆”。于是，花好月圆就成为人们对人生最为美好的祝愿。也是因此，与月亮有关的节日，也都寓意着团圆，其中，春节、元宵、中秋，更成为中国三大团圆节，而中秋节又是三者中最为突出的。中秋时节，秋高气爽，谷物丰收，月最圆满，这对传统的农业国家来说无疑是值得庆祝的大好时光。中国人自上古时代开始拜月，自唐代开始有中秋节，就把中秋与团圆联系在一起。自宋代开始有月饼，才子苏东坡就曾有诗云：“小饼如嚼月，中有酥和饴。”月饼与满月同形，正是取花好月圆、人生圆满之意，到了元代，中秋赏月吃月饼便成为传统的民俗。自明清时代，这样的民俗开始兴盛起来，于是，到了中秋，全家团聚，一起拜月、赏月、吃月饼便成为不可或缺的节日传统，一旦这日家人不能团聚，便有“月圆人不全”的怅然之感。

的确，月亮虽代表团圆、圆满，可是，古代描写月亮的诗句却常常带有清冷之感。人在孤寂时，常常看一轮满月，想到别人家的团圆，对比自身的寥落，难免生出一种自怜的情绪，恰恰是这种巨大的反差成就了中国古代诗学中独有的美学因素。

不知大家是否还记得红楼梦中有一首诗，叫《对月寄怀》：

时逢三五便团圆，满把晴光护玉栏。

天上一轮才捧出，人间万姓仰头看。

这首诗，出现在《红楼梦》第一回《甄士隐梦幻识通灵，贾雨村风尘怀闺秀》。讲的是中秋夜，家家庆贺团圆，户户张灯结彩，大街小巷充满欢声笑语，热闹非凡，“街坊上家家箫管，户户弦歌，当头一轮明月，飞彩凝辉”。贾雨村孤身一人，窘迫地寄宿在葫芦庙里，想要赴京赶考却苦于没有盘缠，无限困顿，竟也不失风雅地吟起这首诗。住在隔壁的大户甄士隐，为他的情怀所深深感动，愿意倾囊相助，赠其盘缠，才成就了他后来的仕途。后来两者的结局大家都清楚了。善人甄士隐并未得善终，其女命运更是颠沛流离，贾雨村为了自己的仕途，却未对恩人之女施以援手，任由葫芦僧判断葫芦案，令世人不耻。曹雪芹用一首《对月寄怀》引出两个人物，又让两者人生出现这样巨大的反差，这样的起承转合的能力才成就了《红楼梦》这部旷世巨著。

★ 月之清冷

月亮的第二层寓意便是清冷寂寥，这与游子的思乡情绪极为接近。可记得张继的那首《枫桥夜泊》？

月落乌啼霜满天，江枫渔火对愁眠。

姑苏城外寒山寺，夜半钟声到客船。

同样适逢安史之乱，与北方相比，南方政局还颇稳定，所以一些文人纷纷逃至今江苏、浙江一带避乱，其中也包括张继。一个秋夜，诗人泊舟苏州城外的枫桥。夜色清幽，山河破碎，再加上面对着一轮残月，远处的寒山寺又传来了那样清冷的钟声，客居他乡的诗人一时难掩愁绪，便作下了这首小诗。“月落”“乌啼”“江枫”、孤独的“渔火”以及寒山寺传来的凄凉的钟声，怎能不让人被孤寂的情绪包裹，写诗的人情绪落寞，时隔千年，读诗的人依然能感觉诗句透露出的凄凄冷意。

在望月思乡方面，比张继更胜一筹的，是李白。“举头望明月，低头思故乡”已经成为我们人生初涉古诗的童萌诗句，但是最深刻地表达游子孤寂的，该是那首《月下独酌》。

花间一壶酒，独酌无相亲。
举杯邀明月，对影成三人。
月既不解饮，影徒随我身。
暂伴月将影，行乐须及春。
我歌月徘徊，我舞影零乱。
醒时同交欢，醉后各分散。
永结无情游，相期邈云汉。

《月下独酌》本有四首，以这首最为高妙。“举杯邀明月，对影成三人。”面对深入骨髓的孤寂，诗人没有选择郁郁寡欢，而是自己想办法排遣，人人皆知酒对于李白有着独特的意义，“李白斗酒诗百篇”，是酒成就了他的狂傲与洒脱，也是酒促使他独占“诗仙”之位。“常时饮酒逐风景，壮心遂与功名疏。”“钟鼓馔玉不足贵，但愿长醉不复醒。古来圣贤皆寂寞，惟有饮者留其名。”“五花马，千金裘，呼儿将出换美酒，与尔同销万古愁。”他的仙，仙在有高洁的精神境界，能够不被外物所累，不为权贵折腰，“安能摧眉折腰事权贵，使我不得开心颜”，于是他狂放到令贵妃研墨，让力士脱靴。然而，酒只能烘托出他的豪放，月才更能衬托出他的高洁，只有两者结合在一起，才能刻画出诗仙李白的画像。“我寄愁心与明月，随君直到夜郎西”，他心中的明月是那样的纯洁、无瑕。“俱怀逸兴壮思飞，欲上青天揽明月”，月光皎洁的夜晚，他骑马驰向远方，如霜的明月，一路伴他左右。

《月下独酌》这首诗，对于一个孤独旅人借酒消愁的场面刻画得那样精心独到，却又那样的流于自然。李白月下独自一人饮酒，却不甘寂寞，把明月和影子邀来共饮，并清晰勾勒出三人共饮的画面，还是那样的狂傲不羁，飘然若仙。“我歌月徘徊，我舞影零乱。”在这温暖的春夜，李白边饮边歌舞，月与影也紧随他那感情的起伏而起伏，仿佛也在分享他饮酒的欢乐与忧愁。月亮不仅能映衬他人格的高洁，更能慰藉他孤独的心灵。酒与月在他的世界里难以拆解，他把酒问月，“唯愿当歌对酒时，月光长照金樽里”。他借酒消愁，“人生得意须尽欢，莫使金樽空对月”。

为何钟情酒与月？我们可以想想李白的人生。李白是长安元年（701）出生的，武则天去世的那一年，李白刚好5岁，开始学习读书认字。在15岁那年，还是少年的李白就已经作出了多首诗作，并且开始得到了一些社会上流人士的推崇。在18岁那年，李白开始在四川游学，增长见闻和阅历。24岁以后，李白辞乡远游。27岁，李白定居在了安陆寿山，跟前任宰相的孙女成亲。30岁以后，李白开始了人生的失意。先是当朝的宰相去世，李白因为被人诽谤，曾经多次上书为自己辩解，可是都被驳回。后来到了长安，认识了宰相的儿子，也见过了许多王公大臣，可是都没有结果。于是官场失意的他开始寄情山水，四处游历。在开元二十三年（735）的时候，唐玄宗外出狩猎，恰逢李白也在附近，于是李白决定抓住这个机会，将自己的一首《大猎赋》献给玄宗。后来，李白又在长安通过卫尉张卿，向当时的玉真公主献诗，他在诗里描述了自己现状的困顿，希望能得到玉真公主的引荐，从此为朝廷效力。从这个时候开始，李白便开始一步步地接近上层统治阶级。同年，李白还认识了贺知章，并将自己的诗本呈给贺知章看，贺知章看完后对李白气贯如虹的文采欣赏不已，称他为“太白金星下凡”，“诗仙”的名字也就由此得来了。李白本想借此机会能够仕途顺遂，他的确也得到了唐玄宗的赏识，一度拜为“翰林”，其职务的实质也就是给玄宗写诗供其娱乐。可是，李白对这样靠讨好皇帝为官的生活日生厌倦，他的恃才傲物、放荡不羁也使一些人渐生不满，朝中人纷纷向玄宗进谗言，玄宗也就渐渐对李白疏远了。3年后，李白默然离开了长安，留给后人那首耐人寻味的《行路难》。

“行路难！行路难！多歧路，今安在？”路途艰难，仕途更艰难，然而男儿丈夫怎能就此蹉跎，“长风破浪会有时，直挂云帆济沧海。”能被打垮的就不会是他“诗仙”李白。他渴望越过大海，在彼岸寻得一片光明的地方。也是这样的精神面貌，成就了他浪漫主义诗人的巅峰地位。

★ 月之阴晴圆缺

月亮的第三层文化意蕴，便是阴晴变化。古人常以月之阴晴圆缺喻世事多变、人生跌宕、心潮起伏。这里最具典型的代表便是苏东坡的那首《水调歌头·明月几时有》：

明月几时有？把酒问青天。不知天上宫阙，今夕是何年。我欲乘风归去，又恐琼楼玉宇，高处不胜寒。起舞弄清影，何似在人间。

转朱阁，低绮户，照无眠。不应有恨，何事长向别时圆？人有悲欢离合，月有阴晴圆缺，此事古难全。但愿人长久，千里共婵娟。

在词前，苏轼提了一行小序："丙辰中秋，欢饮达旦，大醉，作此篇，兼怀子由。"丙辰，是1076年（北宋神宗熙宁九年）。当时苏轼在密州（今山东诸城）做太守，中秋之夜他一边赏月一边饮酒，直到天亮，于是作了这首《水调歌头》。

显然，这又是一首中秋表达思念的词，思念的人是苏轼的弟弟"子由"，也就是苏辙。苏轼在词中运用精到的笔韵，为我们勾画出一幅皓月当空、美人千里、孤高旷远的画卷，反衬自己政治上的失意，人生中的落寞。在月的阴晴圆缺的变化当中，参透人间的悲欢离合，得意失意，他将自然界的变化与人世间的变局巧妙地对接在一起，充满了哲学意味。

现在想来，苏轼生活在一个轰轰烈烈、人才辈出的年代呀，但就是这轰轰烈烈的年代，他苏轼也绝非等闲之辈，唐宋八大家，他苏家父子独占三元，还有哪个书香世家有这样的显赫呢？可是，生逢大变革的年代，加上苏轼坦荡磊落、率性直言的性格，致使他人生的跌宕起伏，绝不输于“诗仙”李白。

1037年，苏东坡出生在眉山。民间传说，就在这一年，眉山原本郁郁葱葱的大山不知为何，突然花草凋零树木枯萎。于是便有了一句传言:“眉山出三苏，草木为之枯。”人们借助这个传说，来表达自己对苏轼才华的仰慕。1056年，苏家父子三人一同离乡，赴汴京赶考。在科举这条路上，苏东坡是幸运的，他遇到了人生的伯乐欧阳修，就像当年李白遇到了贺知章一样吧。此时正是北宋积贫积弱的局势逐渐形成，社会危机急剧发展的时代。自范仲淹“庆历新政”失败以来，士大夫阶层仍然酝酿着政治革新运动。一些局部的改良也渐次展开。作为主考官的欧阳修，看腻了当时文风的千篇一律、矫揉造作，他想找到直抒胸臆的文章和不拘一格的人才。这时，苏轼出现了。他以一篇《刑赏忠厚之至论》得到了欧阳修的赏识，却因欧阳修误认为是自己的弟子曾巩所作，为了避嫌，他只得第二名。

1057年，由于中了进士，苏轼做了主簿一类的地方官。一入官场，他就迅速地卷进了政治改革浪潮里。在26岁考“制科”时的试卷《进策》和稍后二年的《思治论》中，他分析了当时经济、政治和军事各方面危机四伏的形势，从儒家的政治思想出发，提出了革新弊政的要求，体现了他远大的政治抱负。1069年，时局又发生了新的变化，宋神宗起用王安石开始变法。王安石变法，初衷同样是好的，但是由于用人不妥，行事激进，马上出现了负面效应，于是苏轼与欧阳修一道，站在保守派行列，痛批改革弊端。在这一波攻击之下，司马光和王安石都提出了辞呈，归隐山林。

这一场斗争的结果实际上是双输。1071 年，苏轼以开封府推官通判杭州，是为了权且避开汴京政争的旋涡。熙宁七年（1074），他调至密州，虽说出于自愿，实质上仍是处于外放冷遇的地位。这首词也就是他在密州做太守的时候写成的。结合当时的境遇，我们就会知道，“人有悲欢离合，月有阴晴圆缺”，说的不仅是亲人之间的聚散离别，还有自己官场上的大起大落，以及未来命运的不确定性。但是，他对未来还是充满希望的，所以，词句以“但愿人长久，千里共婵娟”收尾。词的意境之高，后人难以超越，所以，宋代胡仔《渔隐丛话后集》卷三十九中评价道：“中秋词，自东坡《水调歌头》一出，余词俱废。”王国维《人间词话》中也说：“东坡之《水调歌头》，则仁兴之作，格高千古，不能以常调论也。”

可惜，当时 40 岁的苏轼还不知道，他人生的阴晴圆缺还远不止于此。若论功绩，他一生可谓功勋卓著，他先后在杭州、密州、徐州、湖州任地方官，灭蝗救灾，抗洪筑堤，政绩卓著。甚至在被贬到惠州后，他还捐助修桥两座。只要环境允许，苏轼总是尽力有所作为。然而苏轼一生仕途坎坷，屡遭贬谪，未能充分施展他的政治才干。在杭州，他因身先士卒，治水有功，大得神宗赞赏，同时也就遭到了小人的妒忌，以他写讽刺朝廷之诗为由，告他欺君之罪，他不幸被捕入狱，这就是著名的“乌台诗案”，此时，他已 45 岁。然而牢狱之苦并不能击垮他，他早年就曾以诗明志：

人生到处知何似，应似飞鸿踏雪泥。
泥上偶然留指爪，鸿飞那复计东西。
老僧已死成新塔，坏壁无由见旧题。

往日崎岖还记否，路长人困蹇驴嘶。

如果说苦难成就了李白的不羁和傲岸，它也就成就了苏东坡的超然，他的诗句和人生，将儒、释、道的精髓融为一体：世道允许，则入世为官，一展男儿抱负；时局逼仄，则面对苦难淡然一笑，人生怎得长圆满，就像天上的月亮一样。乌台诗案后，他被贬到黄州，在黄州，他住在江边的一间简陋小房里，没有积蓄没钱吃饭，他不得不亲自下地耕种。面对生活上的窘迫，苏轼并未将身外之物的多寡看在眼里。江边小屋他住得十分快活，黄州贱如泥的猪肉他也吃得津津有味。59 岁的时候，他再度被贬，在被贬的路上他还曾写诗表扬自己“浩然天地间，惟我独也正”。在苏轼一生的作品中，最能体现他人格的，应该是那首《定风波》：

莫听穿林打叶声，何妨吟啸且徐行。竹杖芒鞋轻胜马，谁怕？一蓑烟雨任平生。

料峭春风吹酒醒，微冷，山头斜照却相迎。回首向来萧瑟处，归去，也无风雨也无晴。

无论是自然界的凄风冷雨，还是人世间的波折坎坷，只是淡然应对，“谁怕？一蓑烟雨任平生”。

月亮的圆满、清冷、阴晴变化，启迪了古代的文人墨客，他们望着月亮或喜或忧，或思绪难平，不光有“小我”的情绪，更是有着“大我”的情怀，这些情怀，帮我们积攒了无数家国记忆。

（二）月亮的时空意蕴

如果我们深入思考一下，月亮为什么能够引发人们思乡的情绪，这其中还包含着深刻的哲学意味。这层意思，恐怕要从时间和空间方面考量了。

★ 月亮的空间意蕴

思乡的人，与故乡、与亲人往往在空间上相隔遥远，但是从心里却可以凝望同一轮明月，以此来排遣那种无法相聚的缺憾。

说到这里，我不自觉就会想到那首朗朗上口的《月之故乡》：

天上一个月亮，水里一个月亮

天上的月亮在水里，水里的月亮在天上

低头看水里，抬头看天上

看月亮思故乡，一个在水里一个在天上，

……

这首歌，文字既美，旋律更悠扬。天上的和水里的原来本是同一轮月亮，可是当它们同时映入我们眼帘的时候，一方面通过交相辉映营造出一种空前的美感，另一方面，两者遥相呼应却无法接近，也让人徒增惆怅。天上的月亮与水中的月亮难分难解，月亮与故乡更是已融为一体，我们不禁会疑问，一个什么样的人能够把思乡之情描写得这样优美、深沉又富有哲理呢？如果深入了解一下作者的人生经历大家就可以了然了！

作者是彭邦桢，祖籍湖北黄陂，1919 年中秋节生于湖北汉口，1937 年抗战爆发，流亡恩施；1939 年考取黄埔军校，以诗闻名，享有“黄埔文豪”之称。1940 年黄埔军校十六期三总队步科毕业，分发重庆出任少尉排长，并开始接受新文学洗礼，改写白话新诗。彭邦桢曾一度入缅甸作战，1949 年赴台，任军中电台台长，1975 年旅美，自 1976 年起连续五年执掌世界诗人资料中心“帅印”。这首诗写于 1977 年的平安夜，当时诗人经过纽约长岛的一个湖边，看到明月高悬，湖面波光荡漾，他忆及自己 28 年来的浮萍游离，有家难归，故土难回，不禁悲从中来，遂就着这当空的皓月一气呵成了此诗。

其实，诗的文字并不复杂，但是结合作者的人生经历，我们对他当时写诗的心境已经一目了然了。他本在中秋节出生，如果是赶上和平年代，他的人生也许就是在湖北汉口那个城市度过，每到中秋，家人团聚，顺带为他庆贺一下生日，其乐融融，祥和美好。可是偏偏赶上了战争，他这一生便开始颠沛流离，台湾已是异乡，美国更是远在重洋之外。在台湾，他与故乡隔着一湾浅浅的海峡，在美国，他与故乡更是隔着远远的重洋。虽然此时他已成就满满，但是无法填满他难回故土的缺憾。天上一个月亮，水里一个月亮，又好像大陆和台湾，明明同根同源，却硬是无法相聚，想到这一层，这首诗的境界又高出许多。后来，这首诗由大陆作曲家刘庄和延生谱成曲，是一首名副其实的由海峡两岸词曲作家共同创作的游子思乡的歌曲。歌词质朴深沉、直抒胸臆，歌曲婉转、含蓄、娓娓道来，达到了最完美的结合。歌声一起，天地宁静，游子与故乡、台湾与大陆再无距离！

其实中国古人望月思乡，多半是从空间角度入手的，其中，空间感最强的，知名度最高的，要数名相张九龄的《望月怀远》：

海上生明月，天涯共此时。
情人怨遥夜，竟夕起相思。
灭烛怜光满，披衣觉露滋。
不堪盈手赠，还寝梦佳期。

“海上生明月，天涯共此时”，又是千古名句，且画面感极强：辽阔无边的大海上升起一轮明月，使人想起了远在天涯海角的亲友，此时此刻也该是望着同一轮明月。诗人将时间定格在“海上生明月”这一时刻，却将空间拉长至天涯遥远，虽然遥远，却共同遥望、共同拥有这轮明月，这是一种无奈之下的美好念想，以填补诗人思念亲人的心灵苦楚。然而这种填补也显徒劳，诗人思念远方的友人，以至于彻夜难眠，埋怨长夜漫漫。吹灭蜡烛，更加爱怜洒满一地的银色月光，夜色已深，更感到露水也沾湿了身上的衣裳，将辗转难眠的心思起伏刻画得多么丝丝入扣。最后，这月光饱含我满腔的心意，可是又怎么赠送给你呢？一句反问，写出多少无奈。

实际上，“海上生明月，天涯共此时”的空间处理手法让我们总感觉似曾相识。的确，往前看，谢庄的《月赋》与它有异曲同工之妙：

美人迈兮音尘阙，隔千里兮共明月。

临风叹兮将焉歇，川路长兮不可越。

……

往后看，苏轼的“但愿人长久，千里共婵娟”与它不也是不谋而合、心意相通吗？更有趣的是，这三首都是古代描写月亮的高峰之作，不过一者为赋、一者为诗、一者为词，虽相映成趣、相得益彰，却也各具韵味，各领风骚。当然，这类作品不胜枚举，例如晚唐许浑《秋霁寄远》中的“唯应待明月，千里与君同”。

《望月怀远》这首诗写成于733年（唐玄宗开元二十一年），时年在朝中任宰相的张九龄遭奸相李林甫诽谤排挤后，于开元二十四年（736）罢相。《望月怀远》这首诗应该就写于开元二十四年张九龄遭贬荆州长史以后，同负有盛名的《感遇十二首》应该属于同一时期的作品。从生卒年代来说，张九龄与李白大概是同一时期的人，他比李白年长22岁，至于他与李白是否有交集甚至交情，只能说或许有，但没留下任何证据。论官位，他远比李白做得高，但却不像贺知章那样顺遂。从这首诗的成诗背景来看，我们可以看出，张九龄同样是有故事的人。

据说，张九龄是西汉留侯张良之后，他生于岭南，24岁一举中第，从此仕途顺遂。史料中记载的他“耿直温雅，风仪甚整”，用今天的话说就是颜值颇高，温文尔雅、仪表堂堂、气度非凡，深得玄宗赏识，以至于张九龄被逐出朝堂后，每次有人举荐人才，唐玄宗一定会问：“风度能若九龄否？”但是他的人生，正应了那句“成也萧何败也萧何”，作为一名谏臣，他赢也赢在这个“耿直”，输也输在这个“耿直”。

早在入仕第二年，张九龄就因直言得罪了武则天的宠臣张昌宗，被流放到岭南。在担任左拾遗期间，因为直谏宰相姚崇，与其矛盾逐渐加深，劝其“远谄躁，进纯厚”，以及指出姚崇地方吏治不足而招致姚的不满。得罪了宰相，在朝廷中的生活自然不好过。716年秋，张九龄称病返家，辞官归养岭南，以避锋芒。后来他当上了宰相，他看出了安禄山的狼子野心，上奏说安禄山面有谋反之相，请求皇上根据他的罪行（讨伐奚、契丹失败）杀掉他，以绝后患。玄宗不听谏言，放安禄山回到藩地。当时的玄宗并不知道，正因为他的一点恻隐之心，便让盛唐走向了覆灭。开元晚期，玄宗渐渐志得意满，每日沉迷酒色，不思朝政，喜欢亲近口蜜腹剑的李林甫等人，对直言敢谏的张九龄却渐渐疏远起来。后来在李林甫的鼓动下，玄宗罢免张九龄，贬至荆州，任用牛仙客为相。此后，唐王朝便更加江河日下，危机四伏。

开元之治因张九龄而盛，也随着张九龄而去，在张九龄逝后不久，盛唐走向没落。在历史的长河中，一代名相张九龄成为了开元盛唐的最后一声叹息。然而，耿直的张九龄虽悲愤，却不悔，一首《望月怀远》写出了他对家乡及亲友的思念，而十二首《感遇》中，他更是托物言志，表示自己不会因为无人赏识而失去高雅的品行。显然，《望月怀远》必须与这十二首《感遇》放在一道，我们才能看到诗人的风骨，以及支撑这风骨的家国情怀！

★ 月亮的时间意蕴

谈完了月亮的空间意蕴，我们再来谈谈它的时间意蕴。人世间沧海桑田，不断变迁，当然，月亮也是有阴晴圆缺变化的，但是无论怎么说，人会老，会死，月亮却不会，因此，从时间的角度讲，人们愿以月喻永恒。对于游子来说，望着月亮，不仅会想到自己与家乡和亲人的空间遥远，也会回想过去的岁月中，自己与亲人相聚、一同赏月的场景。过去已去，我在故乡已是昨日之事，未来未来，何日归家尚未可知，月亮却天天月月年年在，总有一天会“照我还”。所以，说到月亮的时间意蕴，我们首先想到的就是这首《泊船瓜洲》：

京口瓜洲一水间，钟山只隔数重山。

春风又绿江南岸，明月何时照我还？

这首《泊船瓜洲》，就是出自前文中那个与苏轼政见不同的宰相王安石之手。关于诗在什么背景下写成，还存在一定的争议，因为王安石一生也不止一次往返于京口和瓜洲两个地方。

有人说，这是宋神宗熙宁元年（1068），王安石应召自江宁府赴京任翰林学士，途经瓜洲所写的；有人认为这是神宗熙宁七年（1074），王安石第一次罢相自京还金陵，途经瓜洲时所写的；还有人说这是神宗熙宁八年（1075），王安石第二次拜相，自江宁赴京途经瓜洲时所作。之所以难辨，我想是因为我们从诗中辨不出诗人的情绪是喜是悲。在诗中，空间的距离似乎不成问题，“一水间”，写的是船停在瓜洲，简直一眼就可以望到京口，一个“只”字，道出了钟山的家园也并不遥远了，只隔几道山，很容易逾越。这些似乎都给人一种很轻快的感觉，既然空间造不成障碍，那么什么是难的呢？所以看前句，此诗的轻快像是得意时所作。但是，之后时间上的距离就来了，“春风又绿江南岸”，一个“又”字，便使当下与前尘往事对接上了，一个“何时”更是写出了诗人归乡无期的无奈。这首诗其实很耐人寻味，诗人恐怕也正想营造出这样一种氛围。据说一个“绿”字，王安石就反复推敲，换了十几个字，但是我们初读此诗，却并不一定把注意力放在这个“绿”上，我们会觉得很疑惑，为什么离家这么近，诗人却回不去，也不知道什么时候回去呢？诗人不道破，我们也猜不出，就这样留有一丝悬念吧。

王安石的才华，自然不在这一首小诗上，欧阳修就曾经评价他“翰林风月三千首，吏部文章二百年。老去自怜心尚在，后来谁与子争先”。可奇怪的是这首诗却流传最久最广，可能就是在于这其中的耐人寻味之处吧。关于王安石与苏轼的争端，到底孰是孰非，我们恐怕很难下定论，只能说两人都是旷世奇才，都怀有一腔报国之志，可惜生不逢时，让我们感慨“既生瑜，何生亮”

了，而他们自己，面对多舛的命运，也都只能望月兴叹了。

我们再来看一首《生查子·元夕》吧：

去年元夜时，花市灯如昼。月上柳梢头，人约黄昏后。

今年元夜时，月与灯依旧。不见去年人，泪湿春衫袖。

又是一首很俏皮的词，时间对比就更明显了。关于这首词的作者，流传下来的是欧阳修，但是也有人说，这词其实是朱淑真所作，之所以长期以来被认为欧阳修所作，其实是当时怕坏了女子的名声，才将作者改为了欧阳修的。与前面一些诗的大格局不同，这是写小情调的词，背景是元宵月夜，时间上是今昔对比，从遣词手法来看，确实不像男儿所作。但是我们说多了豪放的大格局，也就来看一看婉约的小情思吧。去年的元宵之夜，灯火辉煌，与佳人相约，两情相悦，无论是花、灯，还是月、柳，都成了爱的见证，美的表白，未来幸福的图景。情与景联系在一起，展现了美的意境。但是，美好的时光总容易逝去，词的下片，笔锋一转，时光飞逝如电，转眼到了“今年元夜时”，月色依旧美好，灯市依旧灿烂如昼。环境依旧似去年，而人又如何呢？词人于人潮涌动中无处寻觅佳人芳踪，心情沮丧，辛酸无奈之泪打湿了自己的衣襟。这样的前后对应，与崔护那首《题都城南庄》有异曲同工之妙：

去年今日此门中，人面桃花相映红。

人面不知何处去，桃花依旧笑春风。

一样是关于爱情，一样是时间勾勒出的情感落差，只不过前一个是以月亮为参照系，后一个则是以桃花为参照系。其实，从时间的角度写月亮的古诗同样不胜枚举，例如白居易的《八月十五日夜湓亭望月》：

昔年八月十五夜，曲江池畔杏园边。
今年八月十五夜，湓浦沙头水馆前。
西北望乡何处是，东南见月几回圆。
昨风一吹无人会，今夜清光似往年。

再如苏轼的阳关词三首《中秋月》：

暮云收尽溢清寒，银汉无声转玉盘。
此生此夜不长好，明月明年何处看。

中国自古山河壮丽，文明更是源远流长，当我们捧读这些诗句时，心境随着诗人们翻飞辗转，同时感慨中华文化的绚丽多姿，美好的事物总能突破时空的局限，正如天上的明月，古往今来，一直陪伴着孤独的游子。

（三）毛泽东诗词中的月与乡愁

说罢古人，我们再来说说伟大领袖毛泽东，他的诗词造诣世人皆知，但是他也曾有过对月寄情的时刻。早在 1918 年，25 岁的毛泽东在与蔡和森游历洞庭湖，进行社会考察的时候，就曾作过一首《归国谣·今宵月》：

今宵月，直把天涯都照彻。
清光不令青山失，清溪却向青滩泄。
鸡声歇，马嘶人语长亭白。

25 岁的年纪，人生大好的前程即将展开，而国家却贫瘠动荡，此时的毛泽东，早已将个人的前途和国家的命运紧紧联系在一起，这一年的 4 月，他就和蔡和森等人筹办了一个崭新的革命团体——新民学会。学会成立不到三个月，毛泽东就从湖南第一师范毕业了。此后他和学会的主要负责人积极倡导成员留法勤工俭学，接受世界最先进的思想，他自己则留守国内开展爱国运动，主编《湘江评论》，开展驱逐张敬尧的秘密活动。这首《今宵月》，显然体现出青年毛泽东的意气风发，以及他对革命必将胜利的坚定信念。

1921年，毛泽东28岁的时候，还曾经写过一首《虞美人·枕上》：

堆来枕上愁何状，江海翻波浪。
夜长天色总难明，寂寞披衣起坐数寒星。

晓来百念都灰尽，剩有离人影。
一钩残月向西流，对此不抛眼泪也无由。

这显然是一首别致的思念词，思念的是他的妻子杨开慧。毛泽东的诗词大多豪放，大开大合之间尽显伟人气魄，但是这首词，却是难得地让人看到了毛泽东思念爱妻的小情绪，这反倒让我们看到了一个真实、全面的毛泽东，看到了他铁汉柔情的一面。毛泽东和杨开慧的爱情可谓志同道合，情深意笃。两人在1920年冬结婚，结婚时，这个出自书香门第的才女一不坐花轿，二不要嫁妆，三不用媒妁之言，自由与毛泽东结合，以示“不作俗人之举”。这样有见地的女子，让毛泽东怎能不爱？新婚不久就要离别，当然会有绵绵思念之情，再加上天上一钩残月，难怪毛泽东会觉得“不抛眼泪也无由”了。1923年11月，杨开慧生下次子岸青不久，毛泽东接到中央通知，由长沙取道上海赴广州，参加国民党“一大”。又要分别了，两人依依不舍，此情此景，毛泽东便又作一首《贺新郎·别友》：

挥手从兹去。
更那堪凄然相向，
苦情重诉。
眼角眉梢都似恨，
热泪欲零还住。
知误会前番书语。
过眼滔滔云共雾，
算人间知己吾和汝。
人有病，
天知否？

今朝霜重东门路，
照横塘半天残月，
凄清如许。
汽笛一声肠已断，
从此天涯孤旅。
凭割断愁丝恨缕。
要似昆仑崩绝壁，
又恰象台风扫寰宇。
重比翼，
和云翥。

又是离别的场面，又是一弯残月，加上霜冷的冬天，此时，两人已结婚3年，又育有两子，可临到离别，还是难以割舍。在毛泽东看来，杨开慧不仅是他的结发妻子，而且是自己的人间知己。是的，这是一对革命伉俪，早在 1921 年，杨开慧就加入了中国共产党，是中国共产党最早的女党员之一，在中共湘区委员会负责机要兼交通联络工作。本就情投意合，加之有共同的精神追求，两个人的感情自然远胜过普通的夫妇。可是，为了革命事业，两个人最终没能相伴终生。

1927 年，毛泽东组织秋收起义后率领部队进入井冈山，不得不与杨开慧分别，这一别就成了永别。1930 年，也是 11 月，杨开慧被国民党反动派残忍杀害。其实，当时国民党也想劝降杨开慧，他们认为杨开慧如能投降，胜过千万人投降，他们诱哄杨开慧，承诺只要她宣布和毛泽东脱离关系，就可以获得自由，可是杨开慧却毅然决然地说："死不足惜，惟愿润之革命早日成功。"国民党恼羞成怒，扬言"毛泽东的堂客不杀，别的政治犯都可以不杀了……"匪首何键本欲将杨开慧"斩首示众"，最后改成了"枪决、暴尸三日"。

行刑的过程更加残忍，反动派们先让杨开慧坐在黄包车上游街示众一小时，最后，在一座坟堆上对她进行了枪决。整个过程中，杨开慧大义凛然，面无惧色。可是，两枪之后，杨开慧并未完全气绝，直到中午，反动派们才发现杨开慧还有气息，她匍匐在荒草地上，枯草上浸透了一大片血迹，血还在流，她的嘴里已啃满了泥沙，两只手深深地抠进了泥土里，地上留下了两个大坑，我们已无法想象这个过程中，她都经历了什么，可是最后残忍的刽子手没有给她留下生的希望，而是朝杨开慧补了枪……

杨开慧被枪决的地方是长沙城浏阳门外的识字岭，这里是毛泽东与杨开慧谈恋爱时来过的地方，他们曾在这里畅谈革命理想，憧憬他们的未来，如今山水依旧，人已非。女英雄终于闭眼，而此时的毛泽东，正在江西指挥红军反“围剿”，革命艰苦，信息不畅。早在两年前的1928年，毛泽东就得到误传的消息，说杨开慧已牺牲，但是这次听到确凿的噩耗，毛泽东还是承受不了这巨大的打击，顿感天旋地转，大脑一片空白，脸苍白得好像得了一场大病。那个月下相送的璧人已不在，我们无法知道，此后的岁月中，毛泽东会有多少次望着天上的月亮时想到杨开慧，想到那个“人间知己”。更加让人痛心的是，在艰苦的岁月里，他们的三子毛岸龙因病早逝，20年后，他们的长子毛岸英在抗美援朝的战场上，也为国捐躯了。其实，算上杨开慧和毛岸英，在毛泽东的家族中，为国牺牲的一共有6人，真可以说是一代领袖，一门忠烈呀！后来，他的次子毛岸青在怀念父亲的文章中这样写道:“爸爸，我们知道，世间没有无缘无故的爱。您深爱的人民之所以那么爱戴您，是因为您是一位彻底的大公无私者！为了中国革命，您牺牲了自己的爱妻、自己的弟弟、自己的妹妹、自己的侄子，直至自己的儿子，6位亲人啊！爸爸，孩儿们知道，这是您心中永远的痛呵。”是呀，毛泽东并非圣人，也没有钢铁之躯，失去挚爱亲人，他一定也饱受痛苦的熬煎，但是作为一代伟人，他知道什么是人间大义，为了这人间大义，只能把小我的情绪深深埋藏。

1957年1月，《诗刊》杂志创刊号首次发表毛泽东《旧体诗词十八首》，这一年春节，杨开慧的好友李淑一写信给毛泽东，谈她读了毛泽东诗的感想，并附了一首她在1933年听到柳直荀牺牲时写的菩萨蛮。看到李淑一的来信，又激发了毛泽东对杨开慧的思念，于是他和了一首《蝶恋花・答李淑一》：

我失骄杨君失柳，
杨柳轻飏直上重霄九。
问讯吴刚何所有，
吴刚捧出桂花酒。

寂寞嫦娥舒广袖，
万里长空且为忠魂舞。
忽报人间曾伏虎，
泪飞顿作倾盆雨。

词中的“柳”是指李淑一的丈夫柳直荀，柳直荀1932年在洪湖革命根据地被诬陷为“国民党改组派”而惨遭杀害，牺牲时年仅34岁，可毛泽东写这首词的时候，这一事件的原委还没有调查清楚。“骄杨”自然是指杨开慧，毛泽东在安抚李淑一的同时告诉了世人，杨开慧不是他生命中的匆匆过客，她是他的骄傲。又是一首与月亮相关的词。此时的毛泽东已经64岁了，他的一生，为了人民，戎马倥偬，奔忙劳碌，或许没有太多的精力放在儿女情长上，当然，后来，他的生命中也出现了其他女性，然而这一朵“骄杨”，这个年少时跟他结成连理的女子，这个为他，为革命牺牲了自己的女子，却始终深深地扎根在他心里，永不能忘。毛泽东更想通过这首词告诉世人，杨开慧和柳直荀以及那无数个留下名和没留下名的烈士是为了国家和人民而牺牲的，正是他们以生命为代价才使中华大地换了乾坤，人民应该记住他们，人民也一定会记住他们。

二、故乡与他乡

“悠悠天宇旷，切切故乡情。”2015 年习近平在西雅图的时候，还对华侨们吟诵了这句张九龄的《西江夜行》。[①] 又是一首睹月思乡的诗，其前一句便是“遥夜人何在，澄潭月里行”。我们可以想想当时聆听主席讲话的那些海外华侨，他们客居异乡，有的已是两代三代，虽然已经在美国取得了不小的成就，但是对故乡的那份情感总是难以割舍。时值中秋，这个在中国代表着团圆的节日，远在千里之外的家乡亲人虽不能相见，可是祖国的领导人来了，带着扑面而来的真诚，吟诵着流传千年的思乡诗句，是在明明白白地告诉大家，无论与家乡的距离多么遥远，无论分别了多少岁月，我们都是血脉相通的中华儿女，祖国永远记挂着他们，月亮不仅可以帮我们缩短时空距离，更可以帮我们缩短心灵的距离。

① 参见央视网 2017 年 10 月 4 日报道《月是故乡明，人是家乡亲——习近平的中秋时间》，http://news.cctv.com/2017/10/04/ARTICnUmOFDzLbSPgjqLFMDt171004.shtml.

（一）为何家乡月更圆

“月是故乡明”，家乡的月亮似乎总是更美更圆，这是自古以来游子与旅人的心态，它是否真的有根据呢？明代王恭的《春雁》中曾写道：

春风一夜到衡阳，楚水燕山万里长。

莫道春来便归去，江南虽好是他乡。

虽然江南水乡气候宜人，风景秀丽，可是大雁却一到春天就会飞回北方，江南再好也不是故乡啊，大雁如是，人更是这样，只有故乡那熟悉的环境、风土人情，才能给人更多的安全感和归属感，身处其中，无限自在。

国学大师季羡林就曾经写过一篇《月是故乡明》，在文中，他回忆到，他家乡的小村有一个苇坑，童年的夏夜，他喜欢在苇坑边看天上的月亮和水里的月亮相映成趣，回家去还会梦见两个月亮叠在一起。他一生只在故乡逗留 6 年，此后便背井离乡、漂泊天涯了。在漂泊的岁月里，他看过许多次月亮，“在风光旖旎的瑞士莱芒湖上，在平沙无垠的非洲大沙漠中，在碧波万顷的大海中，在巍峨雄奇的高山上”，各色月亮无不美妙绝伦，可是他觉得它们都比不过家乡苇塘上那轮月亮。按说 6 岁的年纪，对于有些人来说还是记忆不全的，可季先生却那么钟情于他在那个年岁看到的月亮，这是为什么呢？

童年的记忆虽然懵懂，但是就是这样不确切的记忆与现在已经确定的现实来比，反倒有一种朦胧的美感，这美感小时不懂得体会，待到大时，面对每天的工作任务、生活琐事，就会越发清晰地呈现出来，形成不可磨灭的印记。

记得周国平有一篇文章，叫作《哲学开始于仰望星空》，文中他说，儿童时代每个人都喜欢仰望星空，也是在那时候最容易产生哲思，长大以后忙着养家糊口、扬名立万，哲学的冲动也就渐渐消失了。同理，童年的思绪单纯而美好，而故乡的生活往往是和自己的童年时代相重合的，这便从另一个角度解读了“家乡月更圆”的缘由了。

（二）缘何走他乡

既然故乡那样美好，为什么古往今来有那么多人远离故乡，在外漂泊呢？这当中有迫不得已的无奈，也有寻求机遇的主动出击。

★ 战乱

在古代，离乡的原因主要是战乱频仍、久戍边关、宦游不归、商旅经营。前文中我们提到，杜甫、李白、张九龄等的思乡诗句，都或多或少与“安史之乱”这一事件有关。可见，战乱是古人背井离乡、与亲人分别的重要原因。还记得杜甫写过的那首《石壕吏》吗？758 年，为平息安史之乱，郭子仪、李光弼等九位节度使，率兵 20 万围攻安禄山之子安庆绪所占的邺郡，即将迎来胜利。可是第二年春天，史思明派来援军。在敌人两面夹击之下，加之唐军内部本身也问题重重，唐军全线落败，郭子仪等退守河阳，并四处抽丁补充兵力。这一年，杜甫正好由左拾遗贬为华州司功参军。他离开洛阳，历经新安、石壕、潼关，夜宿晓行，风尘仆仆，赶往华州任所。他行经之处，看到哀鸿遍野，民不聊生，官兵强行征丁，百姓四散逃离，内心受到了极大的震动，于是写下了“三吏”——《新安吏》《石壕吏》《潼关吏》，和

"三别"——《新婚别》《无家别》和《垂老别》。

在《石壕吏》中，杜甫以叙事的手法描写了这样一个场景，夜半三更，石壕吏突然来捉丁，这家里的老汉跑了，老妇哀婉地向石壕吏叙述了战乱给这个家庭造成的惨状：三个儿子把守邺城，其中一个捎信回来，另外两个皆已战死，家中除了一个吃奶的孙子，就再无男丁了。儿媳为了给孙子哺乳，还没有改嫁，可是生活艰难，儿媳连一件能遮体的衣服都没有，怎能去充丁？老妇只能请求石壕吏把自己带走，赶去河阳服役。这一夜，哭声不断，老妇一大早与逃回的老翁告别，就真的去服役了。战乱使这个家庭死的死，散的散，余人能否活下去也是未知数。故事虽平铺直叙，却让人内心翻腾，为这一家的不幸而心情沮丧，可那个年代，这样的遭遇又有几个家庭能幸免呢？

★ 戍边

在古代，征兵是人们离乡的原因，被征兵的人，有幸运的能等到胜利后还乡，也有不幸的最后战死沙场，还有一种，留在军中，久戍边关。在古人的诗句中，我们读到好多与戍边有关的。说到戍边二字，在我们心中出现频率最高的该是"阳关"和"玉门关"两个词了吧。的确，这两关在历史上极为有名，尤以玉门关为甚，因为玉门关是古丝绸之路的门户，而阳关在玉门关以南，所以得名，据文献记载，汉武帝元鼎年间，开通河西，设四郡，阳关、玉门二关，并设官员进行管理。早在东汉时期，就有班超投笔从戎，以"不入虎穴焉得虎子"之气概两次出使西域，逗留三十多年，收复西域五十多国，为汉代江山稳固做出了不可磨灭的贡献。班超晚年异常思念故土，在给皇帝上疏中说："臣幸得护西域，如自以寿终屯部，诚无所恨，恐后代谓臣没西域，臣能无依风首丘之思哉！臣不敢望酒泉郡，但愿生入玉门关。即此是也。”他入西域时已经 42 岁，上疏给皇帝时当是古稀之年，垂垂老矣，加上常年征战，积累下一身伤病，大概觉得自己大限已到，不愿客死他乡，急于回乡求个入土为安，果然，他归国的同年便病逝了。

汉唐时期，中国极为强盛，对外往来也异常频繁，阳关和玉门关作为通往西域的要塞，自古是兵家必争之地。尤其到了唐代，在许多诗人眼中，西域的广袤和遥远造成了一种神秘的影像，这影像的代表就是阳关和玉门关。在很多人心中，这两关是一个界线，关内热闹繁华，关外广袤荒凉。这巨大的反差荡涤着文人的心灵，使他们提到两关必生苍凉孤寂之感，还记得王维的那首《送元二使安西》吗？

渭城朝雨浥轻尘，客舍青青柳色新。

劝君更尽一杯酒，西出阳关无故人。

其实从字面上看，这是一首较为平淡的送别诗，它没有李白“此地一为别，孤蓬万里征”的豪气，可是细细品读，却同样有着极强的画面感。王维在渭城的朝雨和青青柳色中以美酒送别友人，这一杯之后，两人就要作别，友人将一路奔西方而去，从此再无人相伴，也不会再见青青柳色，只有风沙与孤寂作陪，这画面既有反差感又有延伸感，让人无限回味。这也难怪，王维本身就既擅长写诗，又擅长作画，因此苏东坡评价他说：“味摩诘之诗，诗中有画；观摩诘之画，画中有诗。”摩诘是王维的字，也是因此，王维有“诗佛”之称，他也确实一生信佛茹素。事实上，在古代，以烽火传递信息，尚需八日才可从敦煌传递至长安，况且元二要去的安西其实比敦煌更远，在今天的新疆地区，这一路上飞沙走石，还可能遇上彪悍的异族匪寇，所以这次一别，此生或许就再无相见之日了。

对西域的景象，王维应该是深知的，737年，他曾以监察御史的身份出塞，写下了“大漠孤烟直，长河落日圆”的名句，古代描写塞外风光的诗句，无人能出其右，直指人心，无限震撼。这样看来，王维这首《送元二使安西》语言虽清淡，却有着四两拨千斤的分量了。除了诗画，王维在音律方面也是极强的，所以，他的诗还极易谱成曲，这首《送元二使安西》后来便被谱成曲，名为《阳关三叠》，流传至今仍是名曲。

关于玉门关的名诗佳句就更多了。李白的“明月出天山，苍茫云海间。长风几万里，吹度玉门关”。王之涣的“黄河远上白云间，一片孤城万仞山。羌笛何须怨杨柳，春风不度玉门关”。戴叔伦的“汉家旌帜满阴山，不遣胡儿匹马还。愿得此身长报国，何须生入玉门关”。王昌龄的“青海长云暗雪山，孤城遥望玉门关。黄沙百战穿金甲，不破楼兰终不还”。从这些诗句中我们又可以看出，古人常以为好男儿当建功立业，而对于许多文人而言，仕途不顺，立业艰辛，所以他们把阳关和玉门关这样的要塞看成是建功立业的舞台，希望通过保家卫国、战场杀敌来完成自己的志向。这样的离家，便显得意义高远、义薄云天了。

古人为保家卫国，征战四方，今天的军人为祖国固守边防，也要忍受离家思乡之苦。还记得那首《小白杨》吗?

一棵呀小白杨，长在哨所旁

根儿深，干儿壮，守望着北疆
微风吹，吹得绿叶沙沙响啰喂
太阳照得绿叶闪银光
……
小白杨，小白杨
它长我也长
同我一起守边防

这首歌在1984年的时候由阎维文在春晚上演唱，迅速火遍大江南北，它以白杨为喻，礼赞边防军人。歌词的由来是这样的，1983年，诗人梁上泉来到新疆巴尔鲁克山无名高地塔斯堤哨所采风，听到了这样一个故事：塔斯提边防哨所的锡伯族战士程富盛回家探亲时，给家人讲述了他们哨所的光荣历史，当然也讲了哨所的艰苦生活以及战士们思乡心切的情绪。他的母亲听到儿子站岗的哨所在炎炎烈日之下，连一棵能遮阴的树都没有，一连几夜都难以入睡，在儿子归队那天，她把自家培育的20棵白杨树苗交到儿子手中，郑重地对他说："锡伯族有卫国戍边的传统，你要像先辈一样，在部队好好干。一定要种活这些树苗，让白杨树陪伴你们守卫好祖国的边防……"当程富盛把小白杨背到哨所，战士们都很高兴，可是，哨所周围多为沙砾石子所覆盖，下面的土质碱性很大，且方圆5公里之内没有水源，小树怎么能生存下去呢？战士们并没有气馁，他们下岗哨后自十几公里之外把黑土背回来，又到几公里外去运水。为了省下水来养树，他们每日洗脸不擦香皂，洗衣服不用洗衣粉，但是小树还是没能熬过恶劣的环境，19棵都死了，唯有离哨所最近的一棵活了下来。

这个故事让梁上泉感动不已，他迅速落笔写下了这首歌词，后由军旅作曲家刘志谱曲，这样，一首脍炙人口的歌曲便成了。今天，因为这首歌的缘故，塔斯堤哨所已经改名为小白杨哨所。透过这首歌背后的故事，我们仍然能够感受到边防军人们那艰苦的生活。

我国最北的哨所是黑龙江北极哨所，那里最低气温为零下52.3 摄氏度，零下 40 摄氏度是家常便饭，风吹在脸上像刀割一样疼。这样的环境下，战士们需要连续站岗 4 小时，他们出去巡逻，身上的衣服有十几斤，他们开玩笑地说，衣服脱下来都能站住。我国还有一个哨所绝对温度比这里还要低，那就是伊木河哨所，它的最低温度是零下 57 摄氏度，驻扎在大兴安岭原始森林深处、祖国版图“鸡冠子”的顶端。5 月未解冻，9 月即飞雪，一年的无霜期只有 80 天。1977 年，一位战士突发阑尾炎，当时大雪封山，一架飞机从沈阳运来了医务人员和医疗设施，当手术结束返航时，由于气温在零下 56 摄氏度，螺旋桨冻裂，旋转瞬间断裂，三片断裂的螺旋桨便永远留在了伊木河哨所。

我国最南方的哨所是南沙群岛中的华阳礁哨所。华阳礁上并没有水源，一切补给都需要通过飞机或者船来运输，有时需要接下雨的雨水来补充淡水，战士们需要常年与高温作战。

我国最高的哨所是河尾滩哨所，它屹立在喀喇昆仑之巅，海拔 5418 米，这里被称作“离星星最近”的哨所，不但常年高寒，而且氧气稀薄，空气含氧量连平原的一半都没有，每次换防，官兵们需要从海拔 1000 多米的山下营区到海拔 5000 多米的一线哨卡，这里看不见花草树木，更没有动物，天空中连鸟都看不见。

在这些常人难以想象的地方，我们的边防军人坚守着，他们的艰苦才换来了我们的平安，他们的离家才换来了我们的团圆，他们用他们保家卫国的决心和钢铁般的意志为我们诠释了谁才是这世界上最可爱的人。

★ 都市放牛

时代在不断前进，今天中国社会的人口流动的程度远非古人能够想象，交通的便利也为人口的流动提供了更大的可能。今天的人们离乡，往往有了更多的理由。

自 20 世纪 90 年代以来，伴随中国改革开放进程的不断深入，我国迎来了一场由乡村到城市的大迁徙。好多人不愿再固守一份土地上的收成，他们纷纷进城打工、寻求机遇。于是，在中国出现了一个新的名词——农民工。他们从农村老家出发，结伴来到陌生而繁华的都市，忍受着与家人分离的苦楚，做的都是比较辛苦和劳累的工作，心中唯一的念想是给家里多赚些钱，让家人过上更好的生活。当年有一首打油诗非常有趣："马路是银行，工厂是钱庄。两手空空来，回去盖楼房。"这诗看上去有些粗糙，却反映了农民想要过上好日子，希望通过进城劳动改变人生的最质朴而热切的想法，也正是改革开放的浪潮给他们带来了改变命运的机会。

在城里闯荡有各种不易，打工仔和打工妹们在这里上演着各种爱恨情仇。最早演绎打工人的都市生活的是 1991 年那部家喻户晓的电视剧《外来妹》，不过那时"农民工"这个词还并未广泛流传。这部剧讲述了北方某省名叫赵家坳的小山村，6 名青年男女怀着梦想来到广东，他们希望通过打工改变自己的命运，最终由于性格、能力、运气的不同，有的只能返乡，留在城里的又走出了完全不同的人生轨迹。其实，当时外出打工的还是农村中思想前卫的青年们，他们到我国改革开放的最前沿——珠三角地区去寻找他们的人生机遇，用“都市放牛”（曾经是另一部电视剧的名字）来形容他们当年的闯荡最为恰当不过了，“明知城里不是我的‘地盘’，但我却硬要在城里混出个名堂，硬要把城里当成我放牛的山坡，干出一番事业，闯出一番天地”。回想起来，中国历史上的农民，除非迫不得已，是不愿意离开土地的，当年的他们，闯关东、走西口、下南洋，多数出于无奈，但这次离乡，却是农民们主动出击。时代的变革，让人们不再固守小农意识。交通和通信的便利，也使得与家人的分别不再那么难耐。当然，随着中国城镇化进程的全面铺开，有的农民已经举家进城了。20 世纪 80 年代，广播里经常说“中国十亿人口，八亿在农村”。可是到了 2018 年，中国的城镇化率水平已经达到了 59.85%。今天的农民工，乡愁尚在乡村，他们的后代，乡愁或许已在城里了。

★ 他乡求学

今天的流动人口大军，除了农民工，还有学生。目前，我国在校大学生数量约 4000 万，大学生绝对人数是 1978 年的 16 倍，在校大学生占全国人口数的比例高达 2.7%，约是 1978 年的 12 倍。在花一样的年纪，初尝离家滋味，踏上一段未知的旅程，面对前路，或许会有些忐忑，但更多的是好奇和期待。对于一个家庭来说，孩子考上大学是头等大事，大学校园里每年 8 月末、9 月初学生入校的时候，学校及周围的小路都会异常拥堵，一个孩子上学，一大家子来送，一些摊贩会就近摆起卖脸盆、毛巾、台灯等大学生活的必需品的摊位，校园热闹得简直像要开锅了。家长的脸上会洋溢着骄傲的神情，但更多的是放心不下，因为未来几年，就要留孩子一个人在这全新的环境里生活了。况且现在的孩子多是独生子女，从小过惯了饭来张口、衣来伸手的生活，不知在大学里生活能否适应。但家长们都已深知，是到该放手的时候了，即使给孩子准备了最丰富的行囊，即使对他们做了最细致的交代，还是要有分别的那一刻。

学生要有一段日子适应离家的生活，但他们其实很快就能适应了，一个寝室七八个小兄弟或小姐妹，随便聊聊家常，谈谈自己的家乡事，说说自己的高中时代，三两天也就熟络了，迎新晚会、军训、上课、参加学生社团，热闹丰富的大学生活就此展开，他们很快便会忘记了离愁。可是他们的父母回到家里，面对冷冷清清的屋子，想念孩子的心情恐怕很长一段时间也不能平复吧。很多妈妈在孩子上大学后就开始了她们的养狗生活……

其实，对于大学生来说，还有另一段离愁，那就是毕业的时光。每当6月，走在校园里，身边尽是些穿着学士服、硕士服、博士服的准备照毕业相的学生，这其中还有穿婚纱的，“九〇后”的大学生，照毕业照也都很别出心裁呢。相比刚上大学的青涩，要毕业的大学生显然已经有了较为成熟的脸庞。这一次告别，对于他们来说，意义深远，他们不仅是告别了亲切的老师、要好的同学，还是告别最美好的大学时代，告别一段青春岁月。“此地一为别，孤蓬万里征”，从此之后，有的选择考研继续求学，有的走上工作岗位，无论如何都不能再任性地挥洒青春。同学们会走出各自不同的人生轨迹。当过去多年后聚会，回忆起大学生活的点滴，又讲了讲毕业后各自的经历，还是那样亲切，也慨叹有的人竟从毕业后再也没见过面，以后也不知会不会再见。

人生的路总是一程又一程，刚上大学时，我们总会觉得时间过得很慢，什么时候放寒假呀？什么时候放暑假呀？毕业简直遥遥无期呀！可是当你毕业往回看的时候，就觉得这四五年的时光简直是飞一样地度过的呀！往事不堪回首，说的就是这个道理吧。

都市放牛的、异地求学的，还有远嫁他乡的、漂在异乡的，这些人共同构成了我国的流动人口大军，也构成了春运大潮——这一蔚为壮观的世界奇景，无论身在何处，都要回家过年，与家人团聚，这是漂泊他乡的游子最盛大的仪式。

（三）离乡与留守

相思如线，人在两端。离乡的游子望月思乡，家中的人也同样思念出门在外的亲人。有时我们也该调转视角，想想家中亲人的孤寂。

说到家中的留守，清代文学家袁枚在《随园诗话》中曾经介绍这样一个段子：

碧纱窗下启缄封，尺纸从头彻尾空。

应是仙郎怀别恨，忆人全在不言中。

这首诗的作者很有意思，是“宋郭晖妻”，也就是宋代一个叫郭晖的人的妻子。这位妻子自己的名字都不曾留下，这也难怪，在封建社会，如果不是像李清照那样才华横溢、鼎鼎大名的词人，女性的本名是很难留下的吧。那么这首诗是什么意思呢？万事都有缘由，这诗的缘由是这样的：郭晖出门在外，在给家中妻子寄信的时候误把一张白纸塞在信封内，当他的妻子收到这封白纸信的时候，就明白丈夫是出了差错，但这是个聪慧的妻子，她没有直接说破，而是回了这样一首小诗，诗的每字每句都很易懂，不用解释，寥寥几句就给丈夫解了围，还十分俏皮。试想丈夫收到这封信的时候，在自责失误的同时，一定会不由得莞尔一笑，笑自己这样一个善解人意、心思灵透的妻子，对她的思念之情就又增添了几分吧。在我们的想象中，宋代那样一个保守的社会，女性的形象一定都是大门不出、二门不迈，生活在闭塞的空间中的刻板形象，其实，古代女性的生活也是多样化的，这郭晖妻不就是一个活生生的例子吗？丈夫在外，她留守家中，想必有不少的苦楚，但是信中没有丝毫的诉苦，也不说自己怎样思念丈夫，还以一首小诗来调剂，想来是一位积极乐观的女性。

说罢古人，还是多说说今人吧。我们前面提到了驻守边疆的边防战士，他们能够安心驻守边疆，是因为有人在家乡为他们驻守一个家，“军嫂”，是今天我们谈到“留守”这个词时首先应当想到的。

在20世纪80年代，有一首红遍全国的军歌，名叫《十五的月亮》：

十五的月亮，照在家乡，照在边关。

宁静的夜晚，你也思念，我也思念。

我（你）守在婴儿的摇篮边，

你（我）巡逻在祖国的边防线；

我（你）在家乡耕耘着农田，

你（我）在边疆站岗值班。

啊！丰收果里有我（你）的甘甜，也有你（我）的甘甜；

军功章啊，有你（我）的一半，也有我（你）的一半。

……

十五的月亮，照在家乡，照在边关。

宁静的夜晚，你也思念，我也思念。

我（你）孝敬父母任劳任怨，

你（我）献身祖国不惜流血汗；

我（你）肩负着全家的重任，

你（我）在保卫国家安全。

啊！祖国昌盛有你（我）的贡献，也有我（你）的贡献；

万家团圆，是你（我）的心愿，也是我（你）的心愿。

……

乍一听，我们就知道，这是一首献给军嫂的歌。歌词的作者叫石祥，是一名从战士成长起来的军旅诗人、歌词作家。1984年4月，正忙于大歌舞《中国革命之歌》创作的石祥接到一个通知，说《解放军歌曲》举办创作学习班，于是他请了一周的假，来到了驻河北高碑店某集团军。一天，他看到几名战士坐在一起忘情地演唱《在那桃花盛开的地方》。的确，就在1984年的春节晚会上，歌唱家蒋大为演唱了这首《在那桃花盛开的地方》，“啊！故乡！生我养我的地方，无论我在哪里放哨站岗，总是把你深情地向往！……啊——故乡！终生难忘的地方，为了你的景色更加美好，我愿驻守在风雪的边疆！”军人驻守边疆，经受风霜雨雪，忍受思乡之苦，是为了家乡的桃花开得更鲜艳，是为了家乡的一切更美好。这样的描述，怎能不让战士们动容？石祥问战士们为什么爱唱“桃花”，战士们答道：我们想家，但是不能直接唱“家”，只能唱“桃花”，可以缓解一下心情。于是，石祥就在想，战士们想家的时候可以唱“桃花”，家乡的亲人们想念他们要唱什么呢？他打算写一首“桃花”的姊妹篇，作为军人献给妻子的歌。想法有了，落笔却很难，他首先在称谓上犯了难，用“军嫂”或“妻子”显得太老气，用“亲爱的”“心上人”又觉得有些矫揉。这样心思辗转，一直无法落笔。直到晚上，推开窗子，一轮明月映入眼帘，于是苏轼那首《水调歌头》涌上心头，灵感顿时来了，古人相隔千里共赏一轮明月，今天的军人和他们的妻子不也一样吗？对着一轮月亮，你也思念，我也思念，用“你”“我”解决人称难题，这种对话的语体既新颖，又能唱出军人和军嫂共同的心声。于是，一首《十五的月亮》词如泉涌，不到 10 分钟就写好了。1985 年，这首歌曲同样被搬上春节晚会的舞台，与“桃花”一样大获成功。

每个女性在恋爱和婚姻中都希望得到宠爱和照顾，但是对于军嫂来说，这一切都成了奢望。她们常常一个人面对漫长难熬的孕期，甚至生产的时候丈夫也不能陪在身边。她们一个人照顾老人，教育孩子，面对生活中的柴米油盐。这些事情看似平凡，可是她们却往往因此耗掉全部青春。“只要最后是你，路再难也没关系”，选择了这样的爱情和婚姻，就注定要和他一起做出牺牲，牺牲的是长相厮守的岁月，换来的却是国家的安宁。还记得那些感人的报道吗？“一个哨所两个兵，其中一个是军嫂。2009 年，高俊主动请缨上深山驻守，余玲便带着 6 个月大的女儿，千里迢迢从老家来到风山顶，6 年多来，她如一名忠诚的哨兵陪伴高俊巡查营房、检查设备……直到他退伍。”“这是一场特殊的婚礼，新郎与新娘相隔千里。新娘杨小婷独自走上舞台，通过卫星视频连线，与千里外的哈密军分区边防连长梁涛举行‘视频婚礼’。影像近在咫尺，爱人却天各一方，新娘哽咽着亲吻屏幕上的新郎，两人隔空相视饮下特殊的交杯酒。”“2011 年 2 月 1 日，军嫂郑传凤在海拔 4783 米的哨所因高原反应晕倒，手中还紧紧拽着战友们送的表达祝福的中国结。有一种爱叫不顾生死来看你。”

古人说“两情若是久长时，又岂在朝朝暮暮”。不在意长相厮守，是更能经得住考验的爱情，只要分离的价值高于厮守，远在天边也能心意相通！他年轻时，以钢铁之躯挺立在祖国最需要的地方，也许有一天，他老了，才终能回到她身边，然而，又有谁能说，这样的爱情不伟大、不高尚呢？希望今天谈着校园恋爱的情侣们，能够透过军人和军嫂们的爱情，深刻领悟爱的真谛！

在 20 世纪 80 年代，异地的婚恋或许更多地出现在军人的家庭中，然而今天，随着改革开放过程中出现的流动人口大潮，离乡和留守成了一组相互映衬的范畴。留守老人、留守女性、留守儿童，是在网络上出现频率很高的词汇。如果大家细心观察，就会发现，近些年来，每到临近春节，无论是电视平台，还是诸如腾讯这样的网络平台，都开始关注那些返乡的人群，于是，我们看到了数十万的摩托车返乡大军，看到了他们装备森严——身上穿着厚厚的雨衣，脚上套了好几个袋子，腰上还拴了一根绳子，几乎武装到牙齿，为的就是尽可能地不要让冷风吹到。他们的行囊里，吃的、用的一应俱全，自然少不了给家人带的年货。

他们返乡途中，家人早已热切地盼望，尤其是那些常年见不到父母的娃娃。这两年，媒体又调转了关注的镜头，于是，2017

年的春节，我们记住了那个在路口迎接爸爸回家的 3 岁孩子。2017 年 1 月 19 日，“当石欣一路坐火车、大巴、公交，历经了近 24 个小时回到村里，沿着村道走着走着，转过一个路角，忽然发现，3 岁的儿子早已站在路口的那棵树下等着自己回家……”当时的画面让无数人瞬间落泪。

这位名叫石欣的父亲，是湖南省湘西土家族苗族自治州花垣县溜豆村人，19 岁就外出到广东打工，最初工资只有 500 元。2016 年，得益于广东和湖南的劳务对接扶贫政策，在接受免费的技能培训后，石欣到广州一家企业做油漆工，每个月工资 5000 元。他与妻子离了婚，家里父母都已 60 多岁，留下一个 3 岁的儿子，家庭生活的重担全部落在了石欣身上。他是坐着“精准扶贫班列”回家的，车票是免费的，他第一次坐上了硬卧回家，以前抢不到票，他只能搬着小板凳坐在车厢连接处，这一年回家的便利同样得益于国家的“精准扶贫”政策。之后就有了前面我们提到的孩子迎接他回家的一幕。

那一年春节，这对父子牵动了所有网友的心，于是 2017 年 2 月 12 日，元宵节之后，新华社记者对他们进行了跟踪报道——《3 岁的等待与 33 岁的归途》:“出发前石欣抱着儿子走出家门，边走边抹眼泪，在村道拐弯的地方，石欣把儿子交给跟着送出门的父母，洒泪分别。”

在我国，像石欣的儿子这样的留守儿童，还有近 1 个亿。近年来，随着媒体的不断报道，留守儿童问题引起了社会的广泛关注，越来越多的人走上了帮助留守儿童和留守老人的公益道路，但是他人的关注解决不了孩子因父母不在身边而带来的孤独感和心理失落。习近平总书记曾经指出:“要关心留守儿童、留守老年人,完善工作机制和措施,加强管理和服务,让他们都能感受到社会主义大家庭的温暖。”[①] 相信通过国家政策的扶持,越来越多的人外出打工能够把自己的孩子带在身边,让他们度过有爱、有陪伴的童年。同时,伴随着我国“乡村振兴”战略的提出,也会有越来越多的外出务工人员能够回到家乡工作,与亲人团聚。

出门的人是想给家中亲人更好的生活,留守的人是为远在他乡的亲人守住一个家。在中国人的观念中,家始终是一个有凝聚力的因素,家人们在思念和守望中,传承着中华民族古老的美德。家和万事兴,一个个幸福的家庭就像一个个稳定的社会细胞,这些细胞构成了和谐稳定的社会,奠定了中华民族伟大复兴的基础!

---

① 参见人民网 2015 年 6 月 19 日报道《习近平:要关心留守儿童留守老人》,http://politics.people.com.cn/n/2015/0619/c70731-27179061.html.

落叶终归根

不论树的影子有多长，根永远扎在土里。若论中华民族根植最深、影响最大的精神品质，必定是爱国情怀。爱国是最深沉的感情，是对祖国母亲的无限依恋，是绿叶对根倾诉不尽的澎湃激情与绵绵细语。上下五千年悠悠岁月，正是因为一代代有家国情怀的人，祖国才能发展至今。

习近平曾经引用了韩愈《答李翊书》中的一句典故：根之茂者其实遂，膏之沃者其光晔。[①] 这句话的意思是说做事要打好基础，种树，深植其根，久而久之，树木就枝叶峻茂，硕果累累；点燃灯烛，只要加满膏油，灯光就会非常明亮。虽然习近平是用来比喻中非关系的良好基础的，但根在传统文化中，也恰指家园故土、根基根本。爱国从爱故乡开始，家园故土用丰润的乳汁哺育着自己的孩子，用坚强的臂膀守护着这片热土上的人们，它是每个人最坚强的依靠，它是人们精神上的皈依，每时每刻它都在

① 参见央广网 2018 年 9 月 4 日报道《[习近平最新用典]根之茂者其实遂，膏之沃者其光晔》，http://china.cnr.cn/yaowen/20180904/t20180904_524350414.shtml.

深情地注视着我们，它那博大的爱似阳光雨露般润泽着我们的心田。啊，故乡，你是一片多情的土地，哺育着我们生生不息！你是一片肥沃的土地，滋养着我们代代相传！

一、根之寓意

（一）根是根基

根深才能叶茂，越是扎根厚土，越能向上成长，故乡和祖国就是我们人生的根基和沃土，数不尽的文艺作品都在如泣如诉地表达着对家园故土的那一片痴情厚爱，并且获得了不朽的生命力。

★ 莫言——支撑我写作的根基是童年生活根基

莫言，是第一位问鼎诺贝尔文学奖的中国作家。这位从“高密东北乡”走出来的著名作家，通过幻觉现实主义将民间故事、历史与当代社会融合在一起，2012 年获得诺贝尔文学奖，将中国文学推向世界舞台的中央，轰动世界，更让国人振奋不已。放眼全世界，作家多如牛毛，莫言何以脱颖而出？他的成就背后究竟有何奥秘？实际上，莫言的笔描绘的就是家园故土，童年的回忆、故乡的故事是他的作品取之不竭的源泉。高密东北乡是莫言的灵魂根据地，故乡的丰富生活积淀与个人经验，给予了他天马行空的想象力与丰沛饱满的创作元气，他让高密东北乡这样一个默默无闻的偏远乡村在世界文学舞台中央熠熠生辉。

然而，莫言对故土的感情曾经是复杂的，他也曾走过一段曲折的心路历程，这让他的文字天真又沧桑、质朴又绚丽、汪洋恣意又收放自如，也让他的作品更加的浑厚与震撼，并具有奇异的艺术感染力。

曾经，莫言对故乡是厌恶的，多少次，他在梦中都在千方百计地逃离故乡。莫言原名管谟业，1955 年于山东省高密市东北乡出生。当年这里的农村是贫穷的、落后的，土地的馈赠也是微薄的。莫言的童年，正值中国近代史上的“三年困难时期”，吃饭问题成了农村的头等大事，饥饿成了小莫言第一波记忆。后来，在他的成名作《透明的红萝卜》中，莫言对主人公“黑孩儿”的描写便活生生是自己当年的写照——“他的头很大，脖子细长，挑着这样一个大脑袋显得随时都有压折的危险。”此后，有关饥饿的描写，就一直贯穿在莫言的作品中，真真假假，多半都来自他的生活经历。1961 年春，村里的小学拉来一车煤块，那种亮晶晶的东西孩子们从来没见过，有人跑上前拿起一块就啃，其他孩子也扑上去，每人抢一块吃起来，那种味道直到今天还让莫言记忆犹新。后来他把这一情节写进了长篇小说《蛙》。乡村的孩子，经常和大自然亲密接触，小说中对自然的描写来自这个时期对动植物、声音、色彩的细腻感知。莫言家的老房子就建在胶河岸边，那时候还没有高高的河堤，推开后窗就能看到宽阔的河面，遇到发大水，如同拥挤马头一样白花花的浪头翻滚而来。童年的生活也给了他光怪陆离的想象，河里的鱼、山上的羊、变成女人的黄鼠狼，这些元素都成了他宝贵的资源，他作品中密集纷繁的意向与富有色彩感的语言也正得益于此。可即便故乡赋予了他这许多的给养，年少的莫言始终还是有些“怨乡”的。

终于，莫言发现自己对故乡的爱是疯狂的。当他离乡3年后第一次踏上返乡之途，看到熟悉的土地、听到熟悉的乡音，心潮澎湃、激动异常，直到看到母亲满身尘土从胡同口向他艰难走来，他禁不住泪流满面。终于，在与故乡久别重逢之际，他认识到了内心深处对故乡的真挚情感，他触摸到了对生养自己的故乡那份浓浓的亲近与眷恋，这份爱经久不衰，与日月同辉。一个人与故乡血肉相连，精神上也注定不能离开故乡，灵魂生活在对故乡的记忆里。1980年莫言开始创作时，一提笔，故乡的土、故乡的河、故乡的植物、故乡形形色色的人，就浮现在眼前，他索性将血液里流淌着的对故乡潜在的爱恋，融入了理想中的高密东北乡。高密东北乡，既是生养莫言的现实故乡，又是他文学创作中的故乡。莫言说:“童年时代祖辈、父辈讲的故事，对我产生了深刻的影响，从而培养起我对大自然的敬畏，对故乡土地的热爱。”从1985年《白狗秋千架》开始，莫言高举起了“高密东北乡”的大旗，如同草莽英雄现世，创建了自己的文学王国，小说《红高粱》和《高粱酒》卷后来被改编成电影《红高粱》，大量的乡土作品使莫言有“寻根作家”之称。莫言常说自己是个讲故事的人，讲的是中国历史、中国大地上感动自己的故事，也希望能因此感动更多的人。莫言曾说，故乡是一条永远流动的河，走遍天下也没有故乡好。莫言作品，写的也多是“高密东北乡”的故事。他说，故乡代表了一种乡土记忆，是千百年来的文学命题，唐诗里、宋词里，都有离愁别恨、乡愁相思。莫言笔下，常有最熟悉的生活、小时候长大的地方，同学、父母、乡亲，自己喜欢吃的食物、游过泳的河流、散过步的河堤。故乡高粱地里发生的孙家口伏击案、公婆庙惨案，被他写进了《红高粱》。他作品中的各色人物也都像红高粱一样，在这片神奇而充满想象力的土地上率性而狂野地恣意生长着。故乡就是这样一个地方，当你离开它蓦然回首，才知道你原来这样爱它。故乡，就是你走过的路，见过的人，它是你的起点，是你的根基。

成为世界名人的莫言须臾未忘故土情，随着时代车轮的滚滚前行，莫言笔下的高密东北乡仿佛被赋予了生命，像一个人一样，随着时代的发展不断变化成长。山东高密人都说，高粱一红，莫言该回老家了。他的创作灵感源于故乡热土，每隔一段时间，他就要回家乡待上一段时间，了解日新月异的乡村生活，积累丰富的创作素材。站在高密的土地上，他聆听着铿锵有力的时代跫音，敏锐捕捉着故乡发展的足印。

对于莫言，故乡是童年生活的根基，正因为深深地扎根在这块热土，他才有了汹涌澎湃的创作之泉，即使没有获奖，他也要感谢这块土地。他生于斯、长于斯，作品中的人物原型都是他的父老乡亲、左邻右舍，如果没有这里的生活经历，没有这里的乡里乡亲，没有这块热土，没有对故乡一腔深情，就没有他这样一个作家。故乡对莫言来说，是一个久远的梦境，是一种精神的寄托。提笔写到故乡，他永远是那个放牛割草的孩子，对故乡，他永怀透明澄澈的赤子情。莫言认为，故乡不是封闭的，它是无限延展的，他将把高密东北乡当作中国的缩影。“爱国之心是永远不能变的。我们和土地的联系是不可分割的，我们的基因里就有中华文明的深刻影响。”作为“学长”的莫言出席北师大本科学生毕业典礼时这样深情地发言。

深沉的故乡情结赋予了文学蓬勃的生命力，著名作家贾平凹同样认为，故乡是你灵魂的血脉。正是家乡商州让他从一个“文学流寇”找到了文学根基，让创作有了特点与味道。一方水土养一方人，什么样的地理出什么样的作家，商州“秦头楚尾”的地理特征让贾平凹的文字既有中原的雄沉浑壮，又有楚地的绮丽钟灵。他从最熟知的商州几十年的波谲云诡中，观察中国、认识中国。可见，在作家的笔下，只有真正扎根家园故土，才能发出感人异常的天籁之音，才能创作出真正具有灵魂品性的文学作品，直指人心。一个人只有深深地热爱自己的故乡，才能延伸到爱国的大情怀中，为爱国提供生生不息的原动力。家国情怀、精神家园，让我们知道自己从何处来，也让我们更加懂得将向何处去。著名作家余秋雨曾写道：“抬头豁然，祖国好；低头乐怀，家乡美；脚下是我追寻的圣土，蓦然回首，爱祖国，更爱家乡。”家是最小国，国是千万家，爱故乡爱国是一个人成长成才的根基，只有祖国强盛，才能惠及每一个国人。中国人素有家国天下情怀，其中，国家是根本，国泰才能民安，才能保天下太平。当今正处于前所未有的世界大变局之中，让家国情怀成为青春的注脚，让前行脚步更加坚定，为中国梦奋斗不止。

（二）根是根本

树高千尺不忘根，越有成就越要回报故乡。因为那是养育你塑造你的地方，无论走得多远，都能听到故乡那声声热切的呼唤，都不要忘了回报故乡的那份初心。往往越是成就斐然者，对故乡的回馈之心越为迫切。

彭丽媛是从齐鲁沃土上成长起来的女儿，在她的故乡菏泽，中国民间的花腔独唱曲《包楞调》广为流传。1980 年彭丽媛就选择了这首歌曲参加全国民间民族唱法汇演，1982 年，她又在中央电视台、中央人民广播电台主办的春节文艺晚会上演唱了《包楞调》,《包楞调》从此闻名全国，还成为彭丽媛几次出访北欧诸国的演唱曲目。2002 年 12 月 6 日，彭丽媛回到阔别 22 年的母校——山东艺术学院，在接受媒体采访时，彭丽媛说:“山东的《包楞调》在那个时候非常有名，是记谱最完整的民间小调，我就是从唱《包楞调》渐渐为大家熟悉的。”两年后，她在接受访谈时说:“我希望中国的民歌跟大家，跟大众接得更近。其实从某种意义上说，我也是抢救中国文化遗产积极的拥护者，我一直想用一种手法能让年轻人也像喜欢流行歌曲一样地喜欢民歌。”彭丽媛深情地讴歌着可爱故乡，无论是《微山湖荡起采莲船》《说聊斋》《在希望的田野上》《沂蒙山小调》，还是《父老乡亲》《我们是黄河泰山》《我的家乡沂蒙山》《白发亲娘》，都脍炙人口……

在她的身上，散发着中国大地泥土的芳香，传统文化是她的最佳营养。家乡的养育，彭丽媛一直铭记于心，始终不忘乡情。在母校郓城一中建校 45 周年（1995）前夕，彭丽媛专程买了两架钢琴，一架送给母校，一架赠给了恩师。20 世纪 90 年代末，彭丽媛拿出自己 10 多年来的积蓄，为老家彭庄村捐建了一所小学，后来又为母校郓城一中筹资捐款建了一座教学楼。对彭丽媛而言，无论取得多高的成就，万水千山不忘来时路，她依然是那个淳朴的故乡的女儿。

富贵不忘桑梓，倾情回报家乡。很多企业家都对故乡饱含深情，还身体力行地为家乡招商引资、添砖加瓦。作为一个土生土长的杭州人，18 年前马云将阿里巴巴落户杭州，生动地演绎了一家企业与一座城市共同成长、交相辉映的故事。他和他的公司也成为杭州最金光闪闪的那张名片！在提及将阿里巴巴设在杭州的缘由时，他说：“我希望我的家乡杭州，在东方和西方，过去和未来，科技和人文，在杭州的再一次相遇，拥有自己的福报。”杭州，给了马云人才、资本、平台与梦想支持，而作为“回报”，阿里巴巴也从骨子里改造了杭州这座城市的气质，以至于杭州如今被称为“电子商务之都”和“创业之都”。G20 峰会期间，马云亲自上阵为杭州打广告，让全世界认识了一个响亮的名字——杭州！任正非在家乡贵州买了 1000 亩地，建设华为的数据库，想用自己的产业来带动家乡发展。最美不过家乡水，这句话也在雷军身上得到了深刻的诠释。雷军是湖北仙桃人，2016 年 10 月，雷军大手笔地向母校武汉大学捐赠了 99999999 元，离 1 亿元差 1 元。对此，雷军解释：“是为了比陈东升师兄少一点，并希望更多的校友参与，而不是为了攀比。”不只对母校，雷军对武汉也有着浓浓的感情。2016 年 7 月，听说家乡发大水了，雷军立即向家乡捐赠了价值 55 万元的小米移动电源及其他小米产品，作为救灾应急的物资。在福清市高山镇曹厝村，德字辈现在是村里辈分最大的。这个辈分的老人有十余位，68 岁的“玻璃大王”曹德旺就是其中之一。村里更年轻的人，曹德旺大都不认识了，他和村里的联系更多是通过一笔笔的捐赠。公开资料显示，从 1983 年曹德旺第一次捐款开始，其个人各类捐款已达 80 亿元。春节期间，曹德旺回乡拜年时，全村都会赶到村里的剧院和他喝茶聊天，并感谢他对家乡多年的不间断的关照。王健林是四川广元人，万达在四川的总投资额或超过 2200 亿，四川也成为万达在全国投资最多的省份。因此，王健林的“家乡情”每每成为了成都媒体言必提及的词语，成都万达更是成为了造福家乡、回报家乡的“巨型样本”。

或许，忙碌的生活，让你来不及放慢脚步关照内心深处最柔软的角落，终有那么一瞬，或许是新闻报道里母校的消息，或许是路边的一句乡音，或许是传入耳畔的那一首乡曲，电光火石般，让你心中升腾出那么一股对家乡的自豪感与归属感。这，就是我的故乡，生我养我的地方。“一座座青山紧相连，一朵朵白云绕山间，一片片梯田一层层绿，一阵阵歌声随风传，哎，谁不说俺家乡好！”听到这样熟悉的歌声，你难道不会心潮澎湃、感动异常？你会蓦然醒悟到灵魂深处对故乡是那般情深义重、流连忘返！无论走到哪里、无论有多高成就，是故乡，让我们成了有家的孩子。树高千尺根深在沃土，是因为大地给了它万般的呵护才得以茁壮成长。树不能断根，人不能忘本。一个人要想长得高大，离不开他在土地上的深深扎根，一个人，要想行稳致远，就得记得自己的根，不能忘了本。

（三）根在人民

根在家园，根在故乡，根在祖国，根在人民。水流万里也思源，人民是我们的坚强依靠，不忘根本才能在心里永远装着人民，也只有不忘根本才能坚持为人民说话办事。

中国梦最深沉的根基在人民心中。[①] ——习近平

人民是文艺创作的源头活水，一旦离开人民，文艺就会变成无根的浮萍、无病的呻吟、无魂的躯壳。[②] ——习近平

★ 为人民创作——发出好声音[③]

新近入党的老电影表演艺术家牛犇收到了一封特殊的来信，这是2018年6月25日习近平总书记给他写的一封信，信里勉励他发挥好党员先锋模范作用，继续在从艺做人上为广大文艺工作者作表率。习近平在信中说："得知你在耄耋之年加入了中国共产党，实现了自己的夙愿，我为此感到高兴。你把党当作母亲，把入党当成神圣的事情，60多年矢志不渝追求进步，决心一辈子跟党走，这份执着的坚守令人感动。"习近平指出，"几十年来，你以党员标准要求自己，把为人民创作作为人生追求，坚持社会效益至上，塑造了许多富有生命力、感染力的艺术形象，受到人民群众高度评价和充分肯定。希望你发挥好党员先锋模范作用，继续在从艺做人上作表率，带动更多文艺工作者做有信仰、有情怀、有担当的人，为繁荣发展社会主义文艺贡献力量。"

---

①参见中国日报网站2015年9月22日报道《习近平：中国梦最深沉的根基在人民心中》，http://world.people.com.cn/n/2015/0922/c1002-27621134.html.

②出自习近平在文艺工作座谈会上的讲话，参见中国共产党新闻网2014年10月15日同名报道，http://cpc.people.com.cn/n/2015/1015/c64094-27699249.html.

③参见新华网2018年6月26日报道《习近平写信勉励新近入党的电影表演艺术家牛犇》，http://www.xinhuanet.com/politics/2018-06/26/c_1123039718.htm.

那么，牛犇究竟是谁？今年 84 岁高龄的牛犇是上海电影制片厂演员，参演过《龙须沟》《红色娘子军》《天云山传奇》《牧马人》等一批脍炙人口的影片，2017 年获得金鸡奖终身成就奖。经历过旧社会苦难的牛犇，从青年时期就立志加入中国共产党，几十年从未放弃追求进步。近年来，他又多次向组织表达入党意愿。2018 年 5 月 31 日，中共上海电影（集团）有限公司演员剧团支部委员会同意吸收牛犇为中共预备党员。当看完了习总书记的这封信后，牛犇激动到几度哽咽，他说："我们遇到了好时代，我们要对得起这个时代。我们做的每一件事，都应该用责任来衡量自己，要对主席负责任，不能给他丢人。"

习近平总书记的信中体现了文艺是人民的文艺，文艺与人民紧密相连的核心观点。人民是历史的创造者，是真正的英雄。一旦离开了人民，文艺创作就会变成无色的花朵、无叶的枯藤、无星的黑夜。古往今来，经典作品无论表现方式如何万紫千红，总有坚实而深厚的人民根基。比如，老舍是中国现代文学史上成果丰硕的大家，也是一位"扎根人民、扎根生活"的优秀作家。他始终关注普通市民、底层人民的生存困境，尤其关注特定历史环境下人们的内心世界。《骆驼祥子》中，老舍既对以祥子为代表的底层人物寄予了深刻同情，表明了人道主义的立场，又担当起知识分子思想启蒙的责任，思考了个体与群体之间的辩证关系。老舍曾明确主张文艺要为民众服务："文艺者，于是，义不容辞，责无旁贷的，须为士卒与民众写作。"心中有束光，眼里有片海，跟随人民的脚步，将人民的喜怒哀乐倾注笔端，刻画奋斗人生、讴歌伟大时代，创作才有了前途和希望。走出方寸天地、阅尽大千世界。到人民中去，把身俯下去亲吻大地；到人民中去，把心贴近在一起呼吸；到人民中去，让灵魂再受一次洗礼；到人民中去，用一生报答她的养育。走进生活深处，在人民中体悟生活本质、吃透生活底蕴，才能为人民奉献出经典的文艺作品。国家的事、民族的事，也就是我们青年的事。只有扎根人民，沉到基层去，方能不虚度年华，让青春绽放得更加灿烂。

二、文化寻根——根之认同

“求木之长者，必固其根本；欲流之远者，必浚其泉源。”中华优秀传统文化是中华民族的精神命脉，是涵养社会主义核心价值观的重要源泉，也是我们在世界文化激荡中站稳脚跟的坚实根基。①

——习近平

（一）寻根

中华优秀传统文化是我们的精神命脉，闻一多先生在他的三篇作品《伏羲考》《龙凤》《端午考》中指出，中国人被称为“龙的传人”来源于黄帝时代的传说。相传，黄帝在统一中原之前，以“熊”为标志性图案。战败蚩尤统一中原后，它的标志兼取并融合了被吞并的其他氏族、部落的标志性图案，如鸟、马、鹿、蛇、牛、鱼等的标志图案等，最后拼合成华夏民族崇拜的形象

① 出自习近平在文艺工作座谈会上的讲话，参见中国共产党新闻网 2014 年 10 月 15 日同名报道，http://cpc.people.com.cn/n/2015/1015/c64094-27699249.html.

“龙”，一种虚拟的综合性神灵。“龙”的形象开始出现于各种图案之中，并逐渐成了帝王的符瑞。相传炎帝是一位叫登的女子感天上的“神龙”而生，黄帝是附宝感“北斗”而生，尧帝是庆都感“赤龙”而生，始祖是龙繁衍的后代，因此，华夏民族的子孙便是“龙的传人”了。由对原始图腾崇拜升级到人为创造的图腾崇拜，这是人类社会信仰进步的标志，而华夏民族的信仰并没有止步于此，而是进一步升级到祖宗崇拜，即敬天法祖。这是因为华夏民族发现世间所谓的猛兽，以及人造神明都不能在民族危亡之时给予族群庇护，族群的拯救者只能是这个族群的英雄，他们带领族群从困境走出，让族群重新获得新生。当今世上还找不到这样的信仰崇拜，唯独华夏族群升级至此。

“华夏”这一称呼又是怎么由来的呢？在《左传·定公十年》中有记载：“中华有礼仪之大，故称夏；有服章之美，谓之华。华夏一也。”“华”代表着美丽的华服，“夏”代表着十分讲礼仪的民族。所以我们称自己为“华夏”民族，服装十分好看，而且十分懂礼节，“华夏”也代表了我们的民族自豪感。直到现在，我们中华民族依旧崇尚礼仪和注重穿着。接下来，我们再去探寻中国古代王朝的遗迹。

（二）溯源

★ 寻找夏王朝的遗迹——二里头考古队队长许宏

每当金色的麦浪翻起，如画的美景是否会引起你无限的遐思？在米勒笔下，法国妇女在麦田里弯腰拾起了现实主义的麦穗；在凡·高画中，收割者挥刀斩下了浓烈的油彩；在莫奈眼前，麦田上空吹过了印象主义的清风。中国的麦田也从来不缺“守望者”，自 1959 年起，二里头考古队便在麦田里守望着。他们守望的不仅是麦田本身，更是“最早的中国”。夏朝，我国历史上的第一个朝代，早在公元前 22 世纪末就建立了。但在当时的考古研究方面，夏朝还是一个空白点。古史学家徐旭生在梳理了可信度较高的上古文献后确定了最有可能存在“夏墟”的区域，并以 70 多岁的高龄率队于 1959 年踏查寻找，河南偃师二里头遗址的发现就是这次调查中最重要的收获。

从此以后，在河南偃师二里头，三代考古人执着地破译着 3000 多年前留下的无字的书。二里头遗址考古队的现任队长许宏，有着浓厚的“二里头情结”，他率领的团队扎根 15 年，在前辈的肩膀上思考与探索。通过他们的工作，一系列的“中国之最”广为人知。在这里，考古队发现了深埋着的中国最早的宫城、最早的“井”字形大道即城市主干道网、最早的中轴线布局的宫室建筑群、最早的车辙、最早的官营手工作坊区、最早的铸铜作坊和绿松石器制造作坊、最早的青铜礼器群等。但要知道，遗址现存面积约为 300 万平方米，这才发掘了 1% 多一点。

在一般年轻人的想象中，考古队的日常如《盗墓笔记》《鬼吹灯》等小说般精彩，但在从事田野考古的年轻队员看来，每天和土打交道枯燥而寂寞——他们在田野上放牧青春，时光在掘土中慢慢流逝。“远看像逃荒的，近看像要饭的，仔细一问是社科院的，原来是文物调查勘探的。”许宏和他的田野考古队队员们如此调侃自嘲。考古队员每年有一大半时间在遗址上度过，只有在入冬后田野考古活动才会告一段落。考古人就是一群与土打交道的人，这一张张或年轻生动、或写满沧桑的脸庞，见证了一项项激动人心的发现。2002 年，该遗址发现了一件距今 3700 年左右二里头文化时期的大型绿松石龙形器，这件绿松石器就是后来被学者们誉为超级国宝的“中国龙”。绿松石片很细小，用嘴吹土屑都可能让绿松石片移位。为了保存原貌，考古队用铁丝套箱灌石膏装上，整体起取了大型绿松石器，并用专车运回北京。据许宏讲，当年发现“超级国宝”后，考古队派专人 24 小时盯守，晚上值班时隔一阵儿就要把吉普车开来，冲着黑黢黢的墓穴照上一照，生怕有任何闪失。不仅如此，为了壮声势，又从邻村借来一条大狼狗。在晚春时节飘着麦香的空气中，男生们在遗址上说说笑笑数星星，这是田野考古人为数不多的浪漫经历。

考古队员就是这么如愚公移山般一页页地翻开了无字的书，让“最早的中国”呈现在众人眼前。许宏说：“我们三代人 50 多年的时间里，才发掘了遗址现存面积的 1% 多一点，前面的路还很长……”寒来暑往，从春柳吐芽，到枝叶枯黄，谁能不承认，二里头遗址的发现，承载着几代考古人的荣耀与梦想，青春与汗水！为中华文化寻根，传承爱国情怀，寻根问祖是中华民族的传统美德，是铸就中华民族的脊梁、连接万古相连的血脉、缔造世代绵延的力量。知来路方知去路，寻根问祖是一种精神、一种信仰，在每一个中华儿女的心里树立起一座爱国的丰碑，为祖国的富强之路砥砺前行。

（三）坚守

★ 人格坚守

寻根传统文化，践行中华美德，中华美德中蕴含着对人格的坚守。那么，究竟什么是人格？人格就是一个人为人的资格和为人的品格。有道是，“石可破而不可夺坚”，人格坚守称的是一个忠诚，量的是一份信念，守的是一种精神。古有富贵不移的孟子、人淡如菊的陶渊明、乐观豁达的苏东坡、忧国忧民的范仲淹，今有“不与人争”的杨绛、宠辱不惊的季羡林等。

世间万物，莫不有格。国有国格，人有人格。人虽无贵贱之分，格却有高下之别。坚守人格就是生命的价值之所在，一个有着良好人格的人，方能不朽。翻开历史的篇章，漫漫岁月，记载了多少圣贤大德的精彩和智慧；苍茫大地，书写了多少能人志士的雄韬武略。在古代先贤孟子看来，低调做人、返璞归真、大智若愚，才是真正的强势人格。孟子曰:“仁且智，夫子既圣矣。”可见，“仁”和“智”，二者之结合，才能达其极境，即“圣”。这种智慧，就是做人的智慧。社会从来都以它的强势引领着人们，只有用超常的性情和意志去抗拒世俗社会的复杂和丑陋的诱惑，坚守善良的本性，才能保持人的善性。田园诗人陶渊明坚守人格，不为“五斗米而折腰”而“采菊东篱下，悠然见南山”，赢得世人尊重，赠号“靖节”。范仲淹的《岳阳楼记》成为千古名篇，至今为世人所传诵，为后世无数立志“养天地正气，法古今完人”的仁人志士所仰慕和效仿。“先天下之忧而忧，后天下之乐而乐”诠释了范仲淹以天下为己任，以利民为宗旨，积极进取的思想精髓。穿越千年时空，我们仿佛听见了“先忧后乐”的呐喊；掀开岁月的雾幔，我们仿佛看见了“不以物喜，不以己悲”从容而优美的身影。革命志士夏明翰坚守人格，不畏死亡，大声疾呼:“杀了夏明翰，还有后来人。”……

他们的坚守，完美地阐释了人格的意义：一种不屈逆境、固守尊严的伟大精神。他们的坚守，就是一盏指路明灯，指引我们树立人格尊严、铸就生命价值。坚守人格会让你身处市侩、心如明镜，获得别样的畅游；坚守人格，也许并不能造就伟人，却能把平凡的你变得不凡；坚守人格，就能捕获阳光，让生命从此流光溢彩！

★ 国宝守护

守护文化，是时代子孙的担当；守护国宝，是一个民族的希望。在历史的传承中每一件国宝都见证了一段历史，每一件国宝都是中华民族赖以生存并长生久视的永续根基，闪耀着永不暗淡的文明之光。

2019 年 3 月 23 日，意大利罗马，在习近平主席同孔特总理举行会谈、出席签字仪式之后，孔特总理请习近平主席走到距离签字厅不远处的一个房间，推开门，扑面而来的是历史的沧桑感。“我们将一部分中国文物展示在这里，是想请您提前一睹风采。”孔特总理笑着抬高了嗓门，“700 多件中国文物，是时候物归原主了！”准确的数字，是 796 件。它们跨越了 5000 多年历史，沉淀了中华民族的文明记忆；它们有着共同的多舛命运，流失出境、查获封存。未来，它们会踏上“回家”的路。习近平主席颔首赞许：“我代表中国政府和中国人民对你们表示衷心的感谢。这体现了两国之间真挚的情谊。”文物展台前，习近平主席一件件仔细端详。汉代彩绘茧形壶、汉代陶马和陶俑、唐代陶骆驼……每个展台都摆放着一个标签：“意大利文物宪兵在行动中解救了 796 件来自中国的考古发掘文物，很快这些文物将全部归还中国，此为其中部分文物。”这份说明，也标注了它们的另一份独特价值——中意关系的生动见证。孔特总理看到习近平主席专注的神情，他想到了一个问题："这么多的文物送回去要怎么安置呢？""我们要为这批文物办一个展览，并等文物鉴定之后再选择方案、决定去向。好好宣传，让中国人民都知道这份情谊！"他们聊到了历史、聊到了文明。习近平主席说："拥有悠久的历史、璀璨的文明，这是我们两个国家的共通之处。我们对于时间的理解，不是以十年、百年为计，而是以百年、千年为计。我们要发扬悠久的历史文化传统，传承两大文明的友好交往，在历史的积淀中前行。"①

在每一个中国人心中，都有个痛处，那就是由于历史特殊原因，国内很多稀世珍宝文物流失海外，有些则下落不明成为永久的遗憾。"皿方罍"，这件三个字中有两个字能难倒普通人的文物，一度成了网上热议的爆款。2019 年 1 月 15 日下午，皿方罍位于微博实时热搜榜第三位，话题热度超过 20 万。这件古老、神秘的文物为何突然"空降"热搜，走红背后有何故事？这要从央视大型文博探索节目《国家宝藏》第六期说起，依靠前世今生故事生动解读，皿方罍的故事一夜间感动了无数年轻人，守护人黄渤演绎皿方罍那一句"我更想要的是回家"，看得网友瞬间落泪，国宝皿方罍的百年回家路，不知看哭了多少人。皿方罍，全名叫皿天全方罍（léi），因器口铭文为"皿天全作父己尊彝"而得名，被称为"方罍之王"。皿是商周时期的一个很有影响的大族，"天全"是器主名字，"己"是受祭拜的庙号之名。"罍"诞生于商代晚期，

① 参见人民日报 2019 年 3 月 26 日 1 版文章《"我们对于时间的理解"（习近平主席访问欧洲微镜头）》，记者杜尚泽。

流行于西周至春秋中期，绝迹于战国时期，属于酒器中的盛酒器一类，而“方罍”更是十分稀少。皿天全方罍原器身通高 63.6 厘米，器盖通高 21.5 厘米。该器形体高大、富丽堂皇，是迄今为止出土的方罍中最大、最精美的一件。关于皿方罍器身的描述，有这样一段文字：皿方罍器身表面呈金褐色，器形高大、造型雄浑，富丽堂皇，通体集立雕、浮雕、线雕于一身，四角和四面中间共饰八条粗大扉棱，以云雷纹衬地，肩、腹分别以大兽面纹为主纹，空隙处填夔龙纹，在主纹和扉棱上再饰云纹，前后两面正中，上下排列两立体兽首；左右两面肩部各有一兽首衔环。整器展现出高超的铸造技艺和摄人心魄的气势，神秘、富丽、久远的历史气息和一种不可撼动的威严与霸气扑面而来。

这件商周时期皿氏家族最具影响力的“方罍之王”随着家族的南迁，沉寂 3000 多年后才重现于世。1919 年，湖南省桃源县，皿方罍横空出世。《桃源县志》记载：“民国八年，水田乡农人艾清宴耕田于茅山峪山下，挖得古鼎一尊，不识为何物。”5 年之后，一名姓石的古董商人闻风而至，出价购买。但物主之兄担心卖赔了，就将方罍的盖带到附近小学校长处咨询价格。石姓商人心怀鬼胎，携带着罍身匆匆而去，就这样，皿方罍身首异处，天各一方。皿方罍盖始终留在国内，历经辗转，解放后收藏在湖南博物馆，算是回归老家。而更为重要的皿方罍器身，却被卖到了国外。有传说被美国石油大王洛克菲勒收藏，但未见于正式记载，辗转不知所终。直到 2001 年，皿方罍器身才重现江湖。纽约佳士得春拍目录，封面重器赫然在目的，便是这淡出公众视线多年的万罍之王——皿方罍。消息一出，青铜收藏界掀起轩然大波。拍卖那天，各路大行齐集现场，一位据说来自法国的神秘买家出价 924.6 万美元将其收入囊中。直到 2014 年 3 月，颠沛流离近一个世纪的中国古青铜器珍宝皿方罍在纽约世界著名拍卖行佳士得才正式移交中国。2014 年 6 月 28 日，身首分离 90 年的青铜器国宝皿方罍的器身和器盖在湖南长沙“身首合一”。这件距今 3000 多年、在海外飘零了近百年的国宝文物，终于回到故乡，由湖南省博物馆保存。《诗经》有云“我姑酌彼金罍，维以不永怀”，意思是“我且斟满铜酒杯，让我不再长思念”。千年以来，游子把酒低吟，望向故乡的方向。如今器身回归，罍之百年相思苦也得以解脱。

皿方罍曲折的合体史，就如同视频中黄渤那一句：“我就想回个家，怎么就这么难？”在《国家宝藏》里，借助舞台表演，黄渤饰演的器身说：“我更想要的是回家……这些你所钟爱的铭文，这种种纹饰，对你们外国人来讲，无非是中国的青铜技艺多么登峰造极，可你可知道，这每一个字、每一个线条中蕴含的故事，都是在告诉我们后人，祖先曾经崇拜什么，信仰什么，靠什么活着。这些对中国人很重要，所以我要回家。”这番台词，道出文物传承的文化意义，说出了流落在海外文物的心声，“皿方罍”的漂泊故事分分钟让人泪目。流失海外文物的追索是世界性难题，既有的国际公约在追诉时效和强制性等方面，存在约束力小、执行力弱等问题。对此，我国不断拓展流失文物追索渠道，促成文物回国。皿天全方罍器身的回归，就是通过省级博物馆出面、民间收藏家出资，通过多方协商达成洽购的方式促成，既体现尊重市场，又讲究策略。我国主动有序推进流失文物追索返还工作，为建立更加公平正义的流失文物追索返还国际规则贡献中国力量、中国智慧。

每一件国宝背后都有一段曲折动人的故事，十二生肖是中国的传统文化，同时也是我国重要的纪年和计时法。圆明园的十二生肖兽首，在近些年名声大噪，成龙还根据圆明园流失海外文物的故事，拍摄了电影《十二生肖》。这十二生肖铜像可是大有来历，在圆明园古迹中，有个著名的建筑是海晏堂，意思是“河清海晏，国泰民安”，象征天下太平。而在海晏堂中有一个建筑精华就是这闻名世界的十二生肖铜像，它是圆明园喷水池中“水力钟”的喷头，由当时意大利画匠郎世宁设计，用青铜打造，其主要用途就是记录时间，以水报时。该“水力钟”的全称为“十二生肖报时喷泉”，十二生肖兽首铜像呈“八”字形，分列在喷水池两旁的人身石台上。每个动物就是一个喷泉机关，每到一个时辰，相应的动物口中就会喷水两个小时。因为古人的一个时辰就是两个小时，十二个时辰正好是二十四小时。不过到了正午，它们就要一起喷水，此时景象蔚为壮观。据说郎世宁当初其实是想要建造西方特色的女性雕塑，但是乾隆皇帝却不同意，因为有悖中国的伦理道德，所以就让郎世宁重新设计。郎世宁考虑到中国的传统民俗文化，于是就以十二生肖的雕像取代了西方喷泉设计中常用到的人体雕塑。圆明园是我国古代最大的皇家园林，可惜第二次鸦片战争时，被英法联军一把火给烧了。凝聚了几代人的心血，花了无数的时间、人力与物力建成的宫殿被毁于一旦。园林中的金银珠宝、字画瓷器被洗劫一空，十二生肖兽首铜像开始流失海外。不过幸运的是，十二生肖中的牛首、猴首、虎首、猪首已经陆续回归祖国，收藏在保利艺术博物馆。马首被澳门商人何鸿燊购买后捐献给国家，鼠首与兔首由法国皮诺家族无偿捐赠中国，收藏在国家博物馆，而龙首则在中国台湾。虽然十二兽首已经有 8 个归国，但是蛇首、鸡首、狗首、羊首依旧下落不明。

游子离家多年会想家，其实这些文物也是，因为只有中国才是它们的家。是我们的总归是我们的，总有一天我们能够将它们收回，希望能早日看到十二兽首齐全的日子。国宝的逐渐回归，标志着中国国力的逐渐强大和整个社会对文化的重视，从一个侧面见证了中华民族从站起来、富起来到强起来的伟大飞跃。如今，我国高度重视历史文物保护，让保护文物的观念深入人心。同时也应该看到，我国流失海外的文物数量众多，每一件文物面对的实际情况也不尽相同，海外流失文物的追索仍然任重道远。据中国文物学会统计，1840 年鸦片战争以来，超过 1000 万件中国文物流失到欧美、日本和东南亚等国家和地区。除了成功追回的“国宝”，还有更多的文物期待“回家”。进一步拓展文物追索渠道，形成海外文物追索的机制，我们需要和国际社会更深入地沟通、更紧密地合作，也需要更多社会力量的参与和推动。希望更多人能够听见“国宝”回家的故事，更多人能够关注参与文化遗产保护，举各方之力，点亮“国宝”漫漫回家路。

★ 工匠精神

谈到坚守，工匠精神一直是中国人自古及今绵延百代孜孜以求的。作为一种优秀的职业道德文化，一般理解为在手艺上的不断钻研、精益求精，在素养上脚踏实地的一种精神追求。实现中华民族伟大复兴的中国梦，不仅需要大批科学技术专家，同时也需要千千万万的能工巧匠。

近几年来，国粹景泰蓝这门传统工艺美术技艺在外交活动中，扮演了重要的角色。从 APEC 会议的《四海升平》景泰蓝赏瓶，到中国赠与联合国新国礼《和平尊》；从“一带一路”合作论坛中的《共襄盛事》景泰蓝赏瓶，到中非论坛景泰蓝《宫灯葫芦》。作为国礼的景泰蓝，点亮千年一抹蓝，无数勤劳智慧的工匠艺人用他们的双手创造了灿烂的景泰蓝文化。时光荏苒，匠心流传，张同禄，就是这样一个将毕生奉献给景泰蓝事业的人。他被誉为当代中国景泰蓝第一人，1942 年出生于河北的曲阳，自幼对绘画表现出了痴迷和天赋。1958 年，16 岁的张同禄从 10 个报考者中脱颖而出，进入了北京市景泰蓝厂。景泰蓝，正式的名称是“铜胎掐丝珐琅”，以工艺复杂而著称。按照传统的说法，一件景泰蓝的制作完成，需要 108 道工序才能完成。而这里面，每一道工序都需要经年累月的训练才能熟练。刚进入景泰蓝厂的张同禄，从事的是最基本的一个工序：制胎。“就是用铜敲打出胎型，也叫打胎。我就干这个。”张同禄回忆说，“当时的车间有 200 多人，叮叮当当的，楼上有掐丝点蓝的，我就问我师傅，我说：‘师傅我是不是明年就能去掐丝点蓝了？’师傅说：‘想得美，就这个打胎，你一辈子也学不完’。”张同禄凭着一股子韧劲与钻劲，虚心地向老艺人学习，用了一年时间，掌握了景泰蓝最为核心的技术——点蓝，并创造了更多的工艺技法，更是提出了“随类赋彩”的装饰理念，进行了近百次不同材料不同方式的实验，发明了“珐琅铂晶”工艺。

到了20世纪90年代，工艺美术厂很多企业管理的深层次问题开始显露出来。与此同时，一些次等景泰蓝产品流入市场，严重影响了厂子的经济效益。随着厂里资金周转问题越来越严重，开始了大规模的裁员，最后不得不宣布进入破产程序。破产前厂里召开职工代表大会，对是否破产进行投票表决。虽然大局已定，但是亲历工艺美术厂辉煌时期的张同禄还是投了反对票，也是唯一的一票。为了不让景泰蓝就这样结束，张同禄和原来的几十位同行成立了景泰蓝工作室。这也是中国工艺美术界景泰蓝历史上，第一家以景泰蓝大师命名的工作室。在这一时期他潜心于景泰蓝作品的钻研，不仅创作出了《远鸣客》《长城瓶》等广受好评的作品，还研制出了铸胎工艺作品《天龙八部》。2008年他被授予“中国知识产权文化大使”称号，同年4月被文化部评为“国家级非物质文化遗产项目景泰蓝制作技艺的代表性传承人”。2009年参与制作了工美集团庆祝新中国60华诞的献礼之作《太平有象》，2013年创作的景泰蓝作品《凤舞九天》被作为国礼送给韩国前总统，2014年《天鹅瓶》再次被选为国礼赠送给新西兰总理，2015年，作品《和平尊》最终被领导人选中，作为国礼赠送给联合国并永久陈列摆放。为了把景泰蓝文化传承并发扬光大，张同禄收了十多名弟子，他说要把自己的绝活儿、知识以及经验传承下去。

固守着传统手工技艺的艺人们，用手来传递出的温度越发显得珍贵，特别是在各工艺门类中的标志性人物，他们最能代表我们所追求的“工匠精神”。工匠精神的基础是德艺兼修，这种宝贵的精神无疑需要被秉承下去，对待同一件事情，专注和坚持，即使单调机械重复，也可以有自己的一点与众不同的想法，不断向产品里注入新的活力。工匠精神不仅仅只是一种职业精神，它更是可以融入到生活里各方各面的一种精神力量。人贵有钻，贵在坚守，坚守一方心里的净土，便生如夏花般绚烂。精雕细琢、精益求精的“工匠精神”，是一种情怀、一种执着、一份坚守、一份责任。在我们身边，匠人无处不在，他们是各行各业的从业者中，“倔强”而“执着”的那一部分人。他们的存在，让这个世界除了利益的追逐之外，多了一份单纯的诉求。喧嚣尘世，你能否守一种精神，做一个“匠人”？

坚守，总有一种光彩照人的神奇魅力。岁月的风霜不会凋零一个个珍贵的记忆，历史的沧桑不会暗淡一幕幕执着的坚守。陶渊明东篱采菊，坚守一份心灵的宁静与澹泊；李太白醉酒狂歌，坚守一份度世的狂傲和清高；诸葛亮六出祁山，坚守一份托孤的忠贞和大义。南沙守礁士兵李文波，二十年如一日，坚守在中国那片最蓝的海，先后29次赴南沙执行守礁任务，累计守礁97个月，创造了国内守礁次数最多、时间最长、成果最丰的纪录，受到了联合国教科文组织的高度评价。20年坚守，李文波站成了一块礁石，他捍卫了中国主权的尊严，也诠释了祖国边防责任比天大的铮铮誓言，其责任坚守坚如磐石。无论是人格的坚守、国宝的守护乃至工匠精神的执着，深层次的根源都是那一份沉甸甸的爱国情。对于当代的青年，坚守“爱国为首”就是要求青年把事业建立在爱国的舞台上，把人格定位在爱国高度上，这样才不会迷失，不会彷徨，有国在心，他心中坦荡，步履坚定，前途光明。“以青春之我，创建青春之国家，青春之民族”，永远激励当代青年，以爱国为首。

（四）传承

寻根让我们知道来路，从中华优秀传统文化中源源不断地汲取营养，坚守让我们知道永远要以爱国为首，守护高贵人格，以工匠精神奉献祖国，同时我们也要让爱国情代代传承下去，让一颗颗赤子心，永远如骄阳般闪耀。

★ 传承家风

习近平在会见第一届家庭文明代表时指出："家风是社会风气的重要组成部分。家庭不只是人们身体的住处，更是人们心灵的归宿。家风好，就能家道兴盛、和顺美满；家风差，难免殃及子孙、贻害社会，正所谓'积善之家，必有余庆；积不善之家，必有余殃'。"[①]

家风的"家"，是家庭的"家"，也是国家的"家"。"不论时代发生多大变化，不论生活格局发生多大变化，我们都要重视家庭建设，注重家庭、注重家教、注重家风。"党的十八大以来，习近平总书记在不同场合多次谈到要"注重家庭、注重家教、注重家风"，强调"家庭的前途命运同国家和民族的前途命运紧密相连"。在好家风中成长，从人民中走来的习近平，时刻不忘千千万万个家庭的幸福美满。进入新时代，他正带领我们，不忘初心，继续前进。

★ 传承经典

要讲好中国故事，还要讲中国好故事——蒙曼

① 出自习近平在会见第一届全国文明家庭代表时的讲话，参见新华网 2016 年 12 月 15 日同名报道，http://www.xinhuanet.com/politics/2016-12/15/c_1120127183.htm.

传承是一种继承，一种自信，一种认同，承载着一种责任，延续着一种情怀，彰显着一种精神。传承经典传统文化的意义，是为了弘扬中华民族以爱国主义为核心的勤劳勇敢、团结统一、爱好和平、自强不息的民族精神；是为了让子孙后代永远牢牢记住：中华民族之所以能在数百年来的战乱中，坚定信念、浴血奋战、前赴后继、宁死不屈，就是因为我们有积淀深厚的文化及其延伸出来的可贵的民族精神和民族大义。蒙曼就是这样一个致力于传承经典的人。10 年前，中央民族大学历史文化学院副教授蒙曼登上知名度极高的央视品牌《百家讲坛》，成为该节目最年轻的主讲人；10 年后，她再度出现在颇受追捧的节目《中国诗词大会》中，作为节目评委，旁征博引、诙谐点评、“吸睛”无数。文化兴国运兴，文化强民族强。没有高度的文化自信，没有文化的繁荣兴盛，就没有中华民族的伟大复兴。怎样提高文化自信？在蒙曼看来，首先是要讲好中国故事，其次还要讲中国好故事，将两者结合起来。把那些反映中国审美、中国智慧、中国优秀道德的好故事真正讲出来，传承下去，成为塑造民族精神的基石。这正是她作为学者，同时也是文化传播者所不容推卸的责任。

历史专业出身的蒙曼自幼喜爱古典文学，常年讲授唐诗，她对经典诗词信手拈来，但谈及印象最深的古诗，她的回答正是那首耳熟能详的《静夜思》。蒙曼认为，这正契合了大多数中国人的诗词学习经历，古诗词学习，说到底还是要以情动人。“我们中国人学古诗词差不多都是从（床前明月光）开始的，当然也有人是从《咏鹅》开始，无论哪个都是唐诗。唐诗，以情动人，情感更容易打动人心，最朗朗上口，最容易引起人的普遍性情感，这是我们小时候最熟悉的东西，它有共鸣。”在她看来，对于传统文化特别是古诗词的学习，教育是基础，要推进传统文化进教材，这是传承经典文化的有效方式，在孩子接受义务教育的阶段，就能够把文化传统渗透进去，使文化融入未来一代人的血脉。

与此同时，生活中的言传身教也同样重要。回忆幼年学习经历，蒙曼坦言自己的很多教育都是从生活中来，在耳濡目染中无形发生。“文化传承不仅是语言的传承，还有大量的行为规范、礼仪等，这些不是课本能够解决的，可能就来自日常生活，比如中国的长幼尊卑秩序等，这些东西可能要渗透到生活中，那样才能内化于心。”经典是安静的，经典等待着。对于传统文化经典的传承，要循序渐进，让人自然地产生兴趣，从被动学习到主动传承。同时，也要注重对文化自信的培养，通过培养文化自信，让更多的人加入到对传统文化的弘扬中来。

★ 传承文化遗产

中华古曲传承人——王苏芬

文化遗产承载着民族的历史，维系着文化的认同。本着对国家、民族、子孙后代负责的态度，每个人都应担起文脉传承者的重担，让文化遗产传承不绝，让中华记忆历久弥新。有人说把文人墨韵融入音乐中，就幻化成了古曲。古曲就是古诗词乐曲，它从远古款款走来，是民族文化的瑰宝，也是民族音乐的根。诗歌诗歌，诗与歌本是密不可分，能否可歌可咏历来都是衡量诗词成功与否的硬指标。在上下五千年历史长河中，中国古典诗词源远流长，而古曲谱的资料只剩沧海一粟。难道祖先歌唱古诗词的传统至此失传？莫非古诗词的音律之美就此濒危？有这样一位女性，她多年来一直在这个领域执着耕耘，倾尽心血为古曲的保护与传承鼓与呼。

她，就是现年 75 岁的王苏芬，中国音乐学院声乐教授、硕士生导师，著名女高音歌唱家，国家一级演员，中国古典诗词歌曲演唱和普及专家。自从 1984 年正式开始学习古曲，她就徜徉在古典乐律中，殚精竭虑、全心坚守。一提起古曲的历史，她如数家珍。中国传统文化浩如烟海，古曲流淌在 2300 年前的上古时期粗犷豪放的劳动号子里，中国的第一部诗歌总集《诗经》的“风”“雅”“颂”华章里，战国后期《楚辞》的楚国民歌里，《陌上桑》与《孔雀东南飞》的汉乐府民歌里，《木兰诗》的北朝乐府里；古曲，它穿梭于唐代琵琶谱、宋代燕乐谱、元代散曲、明代工尺谱中。古典诗词集民族文化之大成，有自己特殊的韵味，演唱需口传心授，加之传承门槛高，需要资质丰厚学识渊博的人才，当今从事古曲演唱与作品整理的人凤毛麟角。为了传承这门历史悠久的艺术，王苏芬不惜投入所有的精力、体力。2000 年，在王苏芬的力主下，中国音乐学院开设了古曲课程，她开始每年教授学生学唱古曲，至今，她已培养了 200 多名本科生、14 名研究生，累计带领逾 2000 名中国音乐学院学生了解古曲并学唱古曲，其中不乏获得央视青歌赛民族组金奖的学生，也有数十位获得全国各种大赛金奖的弟子。此外，为了挽救古曲，王苏芬带领学生们做了许多努力。他们的身影出现在古曲演奏会上，以扩大古曲的认知度，出现在青少年教育机构中，让孩子从小接触古曲。

为了给后人留下音像资料，王苏芬用了 8 年录制了高清古曲 DVD 38 首，其中个人出资 24 万。“我和学生还录制了 150 多首古曲 CD 。这些工作全部都是利用平时下班后和休息日完成的，其中的棚钱、乐队都是我出资。”因为资金捉襟见肘，王苏芬邀来献唱的学生及朋友都是无偿的。“为了古曲的生命，无论怎么辛苦也要咬紧牙关坚持，我想，在有生之年一定要把这项工作圆满完成。”

王苏芬一片丹心传承古曲，她将古曲的音律之美演绎得如诗如画，甚至不惜倒贴资金留下宝贵的音像资料，将这一非物质文化遗产传承给下一代，让千古名篇的传唱源流长远。王苏芬是个痴人，她的痴在于对古曲传承的痴，对文化坚守的痴：都云歌者痴，谁解其中味。她在历史烟云与现实光影中穿行，心有大我。人生的暮年就像残荷，也许，残荷不再青春勃发，不再以那一晕又一晕的粉红的花，润出一片风采。然而，对于王苏芬来说，她的这朵“残荷”依然坚挺，顽强地展示着生存与睿智。直到有一天，人们从残荷的根部掘出一弧又一弧白藕，才惊叹不已，那破败的残荷原来是最富有的，它至死不渝守护的，便是它一生积累起来的最珍贵的财富！

三、落叶归根，落地生根

（一）对根的执着

中国人为什么要“落叶归根”？人生即将落幕，将到终点时总想回到起点，画一个完满的圆，所以古人做官，最终要告老还乡。中国人自古以来安土重迁，一旦离开故土，就会产生思乡之情，进而思念亲人、爱人。深层原因是在经济上，中国自古以来是农耕经济占主导地位，农耕经济的主要特点之一是稳定，一块土地可以无限地轮番耕种，长此以往，中国人便世世代代生活在一个地方，对家乡的感情也就极其深厚，以至于死了也要“落叶归根”。荆轲有寒水之悲，苏武有秋风之别。孤身离家只为那山河莽莽，独自回望却不见那竹林苍苍。离开生养自己的沃土，那一抹苍凉在心头的烙印永远无法抚平。路漫漫，别离殇，天涯游子思断肠。无论走到哪里，都无法割舍那份融入骨髓的对“根”的执着。

★ 落叶归根

一位抗战老兵的故事：只有战争胜利了，才能回家

山西省长治市武乡县砖壁村的八路军总部旧址，有这样两位老人经常到门前坐坐。一位82岁，一位88岁。年纪小的八路军老人精神矍铄，戴着白色的帽子；年纪大的八路军老人，长长的白胡子一把，穿着整洁的军绿色的军装外套。八路军老人隶属刘邓大军，随同刘伯承、邓小平挺进大别山，后又参加淮海等战役，奔赴国外抗美援朝。老人的女儿告诉我们，她的父亲头部曾被日本人的子弹打伤，也曾被刺刀戳过，肩上、腿部均有各种创伤，但这些都没能使他退让和屈服。他胸前佩戴着一枚又一枚精致的却染着沧桑风霜的军功章。十四年抗战胜利，3年之后全中国解放，老人有了一个去外省当军长的好机会。就在许多人以为他会走马上任的时候，他毫不犹豫地放弃了。在外人眼中的无上光辉与荣耀，在他看来远比不过安身于家乡静静地生活来得重要且珍贵。老人的女儿说，他那时热泪盈眶，只说了五个字：“我想在家里。”

落叶归根是他最大的心愿。在他青春年少之际，外敌侵我国土，连天烽火从华北三省一直烧到祖国西部腹地。这样的环境中，不会有人拥有平静的生活，时代的大环境之下，他们不得不背井离乡，奔波战斗，将侵略者打出中国疆域。而抗美援朝的时候，老人已经30多岁，离家将近20年，享受天伦之乐是奢侈的希望。所以，家乡对他来说，乃至对无数奔波的八路军来说都是弥足珍贵的。只有战争结束了，才能回家。这样一个信念坚定地支撑着他走过了峥嵘岁月。人至暮年，在夕阳西下、炊烟四起、

粥饭飘香的傍晚，看着儿孙萦绕膝前，一家人围在大桌子前吃饭，欢声笑语满溢开来，便是这一辈子最大的幸福。对于八路军老前辈而言，落叶归根不仅仅是对家乡的思念与眷恋，更是一种归属，一种情怀。

★ 英魂归故里

战火纷飞的抗日战争年代，在山西的一个村子里，一支八路军队伍接到任务，他们要在敌人到来之前保护村民安全撤退，在撤退过程中一名八路军战士不幸牺牲了，村民们不知道他的家乡在哪，只好把他埋葬在村子里。转眼几十年，人们渐渐把这件事淡忘了，直到 9 岁的赵亚飞发现了烈士的小坟堆。从小父母离异的赵亚飞听说了烈士的事迹，觉得烈士和自己一样孤单，便下定决心要找到烈士家人帮其遗骨还乡。赵亚飞开始跟村子里的人打听关于这位烈士的信息，还翻阅查询各种相关资料。善良的赵亚飞一心扑在这件事上，无法工作更没有经济来源，吃穿住行都靠哥哥接济，连去烈士家乡当地调查的路费都是好心的哥哥赞助。村里人都认为赵亚飞是不务正业，女朋友也不能理解赵亚飞的行为和他分手。在来自四面八方的压力之下，赵亚飞来到中央电视台《等着我》录制现场寻求帮助。功夫不负有心人，在赵亚飞二十年如一日的帮助下，烈士遗骨终归故里。正是有像赵亚飞这样的一群人，默默去帮助这些烈士遗骨荣归故里，才会让更多的人去铭记历史。对于那些逝去的英魂，他们的名字无法一一铭刻在纪念碑上，但正是这些默默的牺牲汇成了我们民族的精神图腾。中华民族之所以延绵数千年，正是因为我们拒绝遗忘。战争虽已远离，但是保家卫国的英雄却需要我们牢记。

2019年4月3日上午，第六批在韩中国人民志愿军烈士遗骸由我空军专机护送从韩国接回辽宁沈阳，10位志愿军烈士英灵回到祖国和人民怀抱。在每年的清明节前，随着忠骨的回归，我们在朋友圈迎接、感慨、致敬的同时，更应当知道除却这些缅怀之外，老兵被带回来的，不只是他们的遗骨，还有他们不灭的精神，那段不能忘却的历史……这是一个讲了60多年的回家故事。在韩国北部坡州市、距离朝韩军事分界线仅6公里的一个村庄旁，一条泥泞的小路的尽头，有一座几乎很少有人知道的颇为神秘的墓地。在这里，所有的墓碑，都不是按照韩国传统向南安放，而是朝着死者家乡的方向——北方。这里共安放了数百具志愿军烈士遗骸，但他们到底是谁，叫什么名字，生于何年又逝于何日，全部都是空白，木板做的简易墓碑上，写得最清楚的就是译为“中国军”的韩文。那年，那月，许许多多十几二十岁，在现在人眼中还是孩子的志愿军战士步入朝鲜战场。经历了几十次战斗后，有的连队的100多张年轻面孔只剩寥寥之数，有的连队在猛烈的炮火下共赴光荣，还有的连队在冰天雪地的战场上化作了“冰雕连”。数万将士，烈骨忠魂，不留姓名地长眠在了异国他乡。“醉卧沙场君莫笑，古来征战几人回？”写不尽那豪迈与悲怆！幸矣，从2014年开始，每至清明节前，我们总能等到一批批英雄荣归故里。有的人，为了看他们一眼，已经等了几十年。有位老人叫曹秀湖，一名志愿军老兵。1950年，曹秀湖作为第一批中国人民志愿军赴朝，在六十六军一九七师任救护兵。2014年，85岁的志愿军老兵曹秀湖，从报纸上看到新闻后，背着家人，3月28日早上8点钟就赶到了烈士陵园门口，静静地等待着。韩国运送437具志愿军烈士遗骸回国，这里面有曹秀湖的战友。老人从20多公里外赶来，一个人在这里站了5个多小时，只为了再看当年的战友们一眼。60多年的生死相隔，故国远离，终于在这一天重聚在深情的目光里。

生活在先辈们用生命换来的和平年代，我辈自当传承接力，牢记历史。烈士遗骸归来的同时，那份记忆、那段历史、那种军魂也再次回荡在我们脑海。让我们继承前辈英雄们一以贯之的信仰，挺起中华民族的脊梁。

（二）“新留守青年”

★ 扎根家乡，筑梦青春

到基层和人民中去建功立业，让青春之花绽放在祖国最需要的地方，在实现中国梦的伟大实践中书写别样精彩的人生。[①]

——习近平

这是一个眷顾年轻人的时代，也是青年大有可为的时代。党的十九大作出了实施乡村振兴战略的重大决策部署，“乡村振兴”成为两会热词，广袤的乡村在春天以全新的姿态苏醒。乡村振兴战略为发展开辟新的路径，这是时代的召唤，也是新的历史性机遇。近年来，农村出现了一批“新留守青年”。他们放弃了城市的舒适生活、高薪工作，回到家乡，回到农村奋斗创业。在不断努力下，他们不仅实现了自己的青春梦想，还带动当地群众脱贫致

① 出自习近平给河北保定学院西部支教毕业生群体代表回信，参见新华网2014年5月3日报道《习近平：让青春之花绽放在祖国最需要的地方》，http://www.xinhuanet.com/politics/2014-05/03/c_1110509256.htm.

富，活出了当代青年的别样人生风采，在乡村振兴的时代大潮中谱写出华美的人生乐章。

其中，有这样一位白领，放弃高薪回乡养火鸡，带领300农户走上小康路。8年前，江苏盐城的鲁曼放弃了在城市当年薪10多万元的白领，毅然投身创业大潮中，她与爱人从几间破校舍改建的养殖场起步，与村民共同振兴乡村经济，成为全国火鸡养殖行业的佼佼者。鲁曼来之前，村里人均年收入1.2万元，现在达到了2.6万元。在鲁曼的带领下，乡镇的300多名农户，全国的4000多名农民走上了火鸡养殖与销售的小康路，年平均收入增长了约8000元。独具慧眼的鲁曼借助乡村振兴的东风，成就了自己的事业，也惠及了父老乡亲，在家乡这片热土上，她的青春之花绚烂绽放。她对前景信心满怀："乡村振兴的概念被写进十九大，这在以前是从未有过的。互联网、物联网已经打通，农村的配套设施越来越好。"乡村振兴让她找到了大展身手的广阔天地，"这些软硬条件保证产业可以扎根农村，在农村生存，让城市的人才可以回乡创业，农村的人才能够发挥价值。""新留守青年"打开了另一扇改善生活的大门，与鲁曼志向相同的人，还有很多。在河南省汤阴县创业中心，身着白衬衣的小伙子程鹏程侃侃而谈，几名四五十岁的农妇围坐一圈，正认真"听课"。在家乡人看来，程鹏程很另类：在北京上大学，在郑州就业，最后却回到了小县城。程鹏程却认为："城市有挣钱的机会，而农村则有实现梦想的广阔天地。"回乡前，26岁的程鹏程已是某知名化妆品公司河南区域销售经理，年薪50万元。经过几年的沉淀，他的人生追求从"拼着赚钱"变成了"改变家乡"。说干就干，他将梦想照进了现实。2014 年，他只身回到家乡，从做公众号，做生鲜食品配送到做母婴服务、月嫂培训输出。碰到过挫折，但他没有低头，认准的路就坚定地往下走。找月嫂，农村留守妇女最合适。农村人好面子，不愿意说当保姆、伺候人，程鹏程就耐心解释，热情鼓励；村民们手头紧、怕掏钱，程鹏程承诺，培训 26 天，合格上岗，费用全由公司出；有些人跟不上，程鹏程请来儿科医生、礼仪专家，手把手传技术，一点点教规矩。乡亲们对他的想法逐渐认同起来，在家乡的创业之路上，他越干越起劲，也遇见了更好的自己。小伙子就像树木一样进行着光合作用，释放着对父老乡亲有益的正能量，只因为他心中的那个梦想："希望家乡因我的努力而改变，哪怕一点点。"

乡村正在以前所未有的激情拥抱创业，青年人思想活跃、见闻丰富、头脑灵活，正成为在乡村创新创业这幕大戏的主角。有这样一位有志青年，不做啃老富二代，回乡创业走自己的路。与许多从事农业项目的人不同，景秀大地生态农场的老板王博是一个"八〇后"富二代，大学毕业后他放弃接父亲的班，尝试走自己的路。卖过房子，做过网络，做过营销，还在政府部门上过班，"后来接触到农业采摘园，觉得这一行大有潜力"。2012 年，王博组织当地农户创办了"新博农村合作社"，培训种植技术，搭建先进的种植管理设备，让农户自主管理，大幅度提高了种植产量，使农户们每年收益增加 50%，人均增收 2 万余元。2013 年，一个游客的无意闯入使王博萌生了新的灵感，办起了采摘园。几年里，王博的种植基地小有名气，每年通过采摘带来游客几十万人，光采摘收入就近 100 万元，同时还带动了周边旅游业发展，给周边农户带来了多份收益。除了固定的种植收益以外，旅游采摘又给农户们增加了不少的收入。

乡村振兴，人才是关键，“新留守青年”形成一种崭新风尚，释放出磅礴力量。对于很多从乡村走出来的年轻人而言，家乡生他养他，帮助乡亲致富是他们义不容辞的责任。程后发的老家江西婺源县浙源乡十堡村山深路远，家家户户几乎都是老人孩子照看“孤村”，学生成绩落后，老人生病无人照料，沉寂的村子正经历着辛酸与无奈。这些都被程后发看在眼里，默默难过后也让他在心里埋下了帮助这些老幼的种子。2011 年，创业有成的程后发决定返乡创业，造福乡民。因为这一份社会担当，程后发不仅消灭了家乡的“留守现象”，还在大山里创造了致富故事。程后发一次性投资 50 多万元购买设备，在浙源乡十堡、凤山、里村、庐坑、虹关等地租赁厂房，吸纳 100 余名村民在家门口就业。有的贫困户以前没事干就成天打麻将、玩纸牌消磨时光；如今，他们围坐在就业扶贫车间里打起了“致富牌”。在程后发的带领下，乡亲们的日子越过越好，精神越来越富足，乡风也越来越文明。

城乡之间过去形成的科教文化鸿沟，也有望通过引入外部智力而填平。大学老师返乡扎根农田，成为最美扶贫人，被传为佳话。2013 年，在武汉大学任 MBA 联合办学培训部主任的李勇冠做出了一个惊人的决定：在武汉“裸辞”，回家乡海南临高种菜。李勇冠以身作则，自己先种植 20 亩空心菜，全部采用有机肥种植，进行标准化、规模化管理。45 天后，空心菜收割，客户赞不绝口，愿意合作的农户也纷至沓来。如今，临高空心菜已经成规模、成品牌，远销到外省，空心菜地头平均收购价格也大幅增长，成为名副其实的“致富菜”。当空心菜“功成名就”走上正轨，李勇冠又开始“折腾”起了“菊花”，成立多郎花卉种植专业合作社，吸纳46户192名贫困群众以115万元的扶贫资金入股，种植了130亩高山香菊。2018年年底，第一批高山香菊售出，每户贫困户获得超过3800元的分红。“下一步，我们还要继续扩大高山菊的种植，争取带动更多的群众和我们一起脱贫致富，在全面建成小康社会的伟大进程中，贡献我们的一份力量。”李勇冠说。

科技正在提供让乡村连接城市、连接世界的新通道，这条双向通道让“新留守青年”们在家乡找到了实现自我价值的新方式。在福建，一位“八〇后”返乡办果园，“互联网+种植”助力群众脱贫。进入柚子成熟的季节，在福建泉州市泉港区涂岭镇溪西红柚园里，一颗颗金黄的柚子挂满枝头，“园主”任三平再次沉浸在丰收的喜悦之中。任三平是典型的“八〇后”，大学毕业后先是到外地务工，2013年回到家乡泉港涂岭镇自主创业。他利用自己家里20多亩荒废的果园，种植红柚创办自己的红柚园，发展林下立体养殖。同时还利用“互联网+”，在网上销售。经过多年的摸索、学习，如今任三平的红柚园已粗显规模，柚子的产量也年年递增，林下养殖的鸡鸭销售也十分火热，经济效益比外出务工增加了三四倍。果园的创办，还为当地的困难户提供了多个就业岗位，助力困难群众脱贫。

除了振兴乡村产业，还有年轻人用新一代的眼光和方法将祖辈传统的手艺延续下去。卓么杰的生态酩馏酒在当地名气越来越大，也引起了当地政府的关注。通过当地政府扶持的200多万贴息贷款和奖励补助资金，企业发展也越来越好。他没有忘记一直在背后支持他的政府部门和家乡的乡亲父老，先后接纳了 34 名建档立卡贫困户到自己的酒厂打工，逢年过节也会主动到贫困户家中慰问走访，并且以高于市场价的价格收购当地村民家的青稞。说起自己返乡创业的经历，卓么杰说，现在国家鼓励大众创业万众创新，作为青年一代，就要用青年人的眼光和方法将祖辈传统的手艺延续下去，自己创业成功后，更有责任反哺家乡发展，带动周围群众一起实现小康梦想。

新时代的改革大幕徐徐开启，发展的潮流滚滚而来。青年创业者有理想、有知识、有创造力，将在乡村振兴的伟大战略中大展拳脚，也为乡村振兴提供了生机勃勃的动力源。回乡创业除了顺应时代发展潮流，也是回应内心对故土的眷恋。时光，穿过悠悠岁月，变换了四季的色彩，改变了我们的容颜，却抹不去那浓郁的寻根之恋。无论光阴如何流转，终要倦鸟归巢、落叶归根，那是一种融于血液的依恋，那是一抹刻在骨髓里的乡愁。故乡永远都是每一个漂泊游子最眷恋的地方，无论它是繁华还是荒芜，我们心中装的永远都是对它的一往情深。学有所成，回到故乡，回报乡亲，是落叶归根，更是落地生根。花之晨、月之夕，酒阑梦醒，走向远处的，是崭新的生活和自己。

海外赤子魂

团结统一的中华民族是海内外中华儿女共同的根，博大精深的中华文化是海内外中华儿女共同的魂，实现中华民族伟大复兴是海内外中华儿女共同的梦。共同的根让我们情深意长，共同的魂让我们心心相印，共同的梦让我们同心同德，我们一定能够共同书写中华民族发展的时代新篇章。[①]

① 出自习近平在会见第七届世界华侨华人社团联谊大会代表时的讲话，参见新华网2014年6月6日报道《习近平：中华文化是海内外中华儿女共同的魂》，http://www.xinhuanet.com//politics/2014-06/06/c_1111025922.htm.

一、华侨的家国情怀

唐代诗人崔颢一句“日暮乡关何处是，烟波江上使人愁”流传千古，黄昏时分他孤身登上黄鹤楼，有一种被遗弃的失落感。站在高处自问家乡何在的迷茫感，拨动着每一位离乡游子的心弦，这种漂泊感与思乡情结往往是言有尽而意无穷的。在海外，不少华侨都坚持在国外过中国节，并且以学好母语为荣。君不见，在祖国再偏僻的角落，都有白发苍苍的华侨不远万里归来，暗自饮泣又怅然而去。改革开放以来，海外华人的寻根浪潮一浪高过一浪，所幸的是，不少海外游子不再漂泊异乡，而实现了魂萦梦绕的落叶归根心愿，为祖国贡献了自己的力量。

念念不忘，必有回响。华侨深怀着浓厚的家国情怀，祖国母亲更是没有忘记这些华侨，习近平出访就在传递这份独有的“侨”情结。每一次出访，习近平主席都惦记着当地的华侨华人，挤出时间与华侨华人见面，参加侨界活动。正如前文所介绍的，2015 年 9 月，习近平访美，不顾奔波忙碌，偕夫人彭丽媛在西雅图出席美国侨界欢迎招待会，习近平的第一句话便是“老乡见老乡，两眼泪汪汪”，话音一起就引来全场热烈的掌声和欢呼。适逢中秋节将近，习近平还特意从北京给每一位参加会见的侨胞带来了家乡的月饼和中秋的祝福，浓浓的人情味让侨胞们心里暖暖的。习近平在讲话中讲述了美国太平洋铁路和华工的故事，“150 年前，数以万计的华工漂洋过海来到美国，参与建设这条横跨美国东西部的铁路。他们拿着简陋的工具，在崇山峻岭和绝壁深谷中逢山开路、遇水搭桥，以血肉之躯铺就了通往美国西部的战略大通道，创造了当时的工程奇迹，带动了美国西部大开发，成为旅美侨胞奋斗、进取、奉献精神的一座丰碑。”如前文交代，在即将结束这次见面时，习近平引用唐代诗人张九龄的名句：“悠悠天宇旷，切切故乡情。”他对侨胞们说：“欢迎大家常回家看看。”①

“亲切、骄傲、感恩”，美国侨界代表用六个字来形容自己的心情。他们为习近平在会见中表达的“人是家乡亲”的讲话所感动，也因为习近平在中秋节与他们唠家常、诉乡情，感受到了“习式外交”带着的“家”的味道。习近平外访所到之处，无不掀起一阵魅力旋风，受到当地华侨华人的热烈欢迎。“习主席，侨胞欢迎您”“中国强大”“有您真好”等标语常常出现在习近平路经的主要街道上，华侨华人和中国留学生或挥舞旗帜，或舞动龙狮，或演唱歌曲，以各种方式表达内心的喜悦。国之交在于民相亲，从公开演讲、署名文章到谈话会见，习近平常讲起华侨华人的感人故事。在对津巴布韦进行国事访问前夕，习近平在当地媒

①参见央视网 2017 年 10 月 4 日报道《月是故乡明，人是家乡亲——习近平的中秋时间》，http://news.cctv.com/2017/10/04/ARTICnUmOFDzLbSPgjqLFMDt171004.shtml.

体发表署名文章提到，旅居津巴布韦的华侨团体为当地孤儿送去关爱和温暖，用实际行动书写着中津友好的“现在时”，也培育着中津友好的“将来时”。在刚果共和国议会演讲时，习近平讲述了3位受灾华侨冒着特大暴雨的危险奋力营救刚果邻居的故事。一场场文化内涵丰富的演讲、一次次接受海外媒体专访、一幕幕与侨胞互动的温情画面，都不断拉近着习近平与华侨华人的距离。出访的足迹走得再远，也记得来时路。心系侨胞，共同书写中华民族发展新篇章是这位中国最高领导人未曾忘记的初心。①

① 参见中国新闻网2017年10月3日报道《习近平出访的“侨”情结》，http://www.chinanews.com/gn/2017/10-03/8346015.shtml.

二、赤子之心，学成报国

学成报国，这是中国知识分子最庄严的使命，也是初心。誓干惊天动地事，甘做隐姓埋名人。在革命、建设和改革开放的历程中，广大海外赤子坚守报国之志，为党和人民建立了彪炳史册的功勋，筑起了一座中华民族的精神丰碑。

（一）科学巨匠

★ 航天之父钱学森——立志学成、报效祖国

讲述这位科学巨匠的故事之前，先做这几点提示：提示 1，这位中国人，他在美国拥有最高级别的安全通行证，参与绝密的军事项目研究，在五角大楼出入自由时间达 8 年之久；提示 2，他年仅 35 岁，就成为美国麻省理工学院的终身教授，而大多数教授都要从事 20 年以上的教学、咨询和管理工作，才能获得这样一个教职；提示 3，美国海军次长丹金布尔评价：“他抵得上 5 个海军陆战师，我宁可把这个家伙枪毙了，也不能放他回红色中国去！”毛泽东评价：“美国人把他当成 5 个师，在我看来，对我们

来说他比 5 个师的力量大多啦。”我想你已经猜到了，他不仅是美国人心中杰出的科学家，也是中国政府推为楷模的模范人物，他就是始终与党和国家的发展同向同行的科学巨匠——钱学森。

钱学森，吴越王钱镠第 33 世孙，生于上海，祖籍浙江省杭州市临安。世界著名科学家，空气动力学家，中国载人航天奠基人，中国科学院及中国工程院院士，中国两弹一星功勋奖章获得者。由于钱学森回国效力，中国导弹、原子弹的发射向前推进了至少 20 年。钱学森不光在中国受到了极高的赞誉，在美国同样如此。钱学森的导师冯・卡门这样评价钱学森：“钱学森是当时美国处于领导地位的第一流火箭专家，后来成了世界闻名的新闻人物。钱学森作为加州理工学院火箭小组的元老，曾在二次大战期间对美国火箭研究作出重大贡献。他是一个无可置疑的天才，他的工作大大促进了高速空气动力学和喷气推进科学的发展。他的这种天资是我不常遇到的。我发现他非常富有想象力，他具有天赋的数学才智。人们都这样说，似乎是我发现了钱学森，其实，是钱学森发现了我。”

对于钱学森最让国人印象深刻的就是，他突破层层的阻挠回国的故事。当年钱学森在国立的交通大学、清华大学先后就读，其学业水平已经领先于国内的教学水平，为了得到更高层次的学术突破，在当时政府的协调下，钱学森很快得到了赴美留学的机会，直接到了代表世界最高航天科研水平的麻省理工大学学习航天工程，成为 20 世纪伟大航天学家冯・卡门的得意门生，36 岁的时候便成为了学校的教授。1949 年，中华人民共和国成立，由于战争的摧残，人民生活水平极其贫困、工业百废待兴，国家也正处在用人之际。钱学森及其夫人了解到国内现状后，决定早日回国，为国家的建设贡献自己的一份力量。在钱学森夫妻俩买好船票，领着孩子准备返回国家之际，在港口却被美国人以国家安全的名义拦截下来，并关押了起来，在此期间，他遭受了常人难以想象的压力。国内得到消息后也高度重视，并通过一些外交手段进行多方面谈判，还发表声明强烈谴责对方的这种行为。被囚禁的钱学森从未放弃过回国效力的决心，在人身自由受到控制的情况下，他用烟盒的包装纸写了一封信，将自己的想法秘密传递给了外面的人。这封信最后到了当时的国家总理周恩来手上，周总理对此事非常重视，会同国内很多的部门做出大量的努力，最终钱学森突出重围回到了他心爱的祖国，使中国两弹一星工程顺利运行，让世界对中国科技刮目相看。钱学森被誉为“中国航天之父”“中国导弹之父”“火箭之王”“中国自动化控制之父”。同时，他又是一位卓越的知识分子，精音乐、擅画工，关心农业、教育，到了晚年，他还提出了著名的“钱学森之问”，他的非凡成就和人格魅力在我国历史上留下了璀璨的光芒。2009 年，98 岁高龄的钱学森离开了他深爱着的祖国和人民，但是其无私奉献的精神却永远留在每个中国人的心中。“立志成才，报效祖国”是钱学森一辈子的坚守，他被称为科学的伟人。他的伟大，不仅仅在于他在科学上的贡献，更在于他伟大的爱国主义精神。他为了祖国自强不息，耿耿忠心。他在异国他乡苦苦求索就是为了报效祖国，当他学有所成，身处异国难归之际，他又是何等的大义凛然，他在美国法庭上以黄钟大吕般的声音宣告：“我是大唐的后代，我的根在中国。”面对美国政府的威逼利诱，他不为所动，这是中华民族的气节，也是钱学森高尚人格的体现。钱学森生前有过许多经典语录，其中三句格外令人振奋，流芳于世。

● 钱学森语录一："你们谁敢和我比试？"

1935 年，钱学森在麻省理工学院航空系学习初期，面对某些美国同学傲慢地讥笑中国愚昧落后时，他不服气地挑战说："中国现在是比你们美国落后，但是作为个人，咱们人比人，你们谁敢和我比试？"后来，他在很短时间内就获得了航空硕士学位，为中国人争了口气。人生在世，无不是为自己的生活拼搏，为自己的命运抗争，为理想的事业而奋斗，为国家之昌盛而争气。著名生物学家童第周在早年的日记中曾写下如此誓言："中国人不是笨人，应该拿出东西来，为我们的民族争光！"钱学森再次证实了这一点。

● 钱学森语录二："不给我平反，今生绝不回美国。"

改革开放后，一些美国科学家邀请钱学森去美国访问，但他都拒绝了，他明确表示："当年我离开美国，是被驱赶出境的，按照美国法律规定，我不能再去美国。美国政府如果不公开给我平反，今生今世，我绝不再踏上美国土地。"铮铮傲骨，是中华民族的脊梁。富贵不能淫，贫贱不能移，威武不能屈，才能做一个堂堂正正的中国人，这在钱学森的身上得到了充分的验证。

● 钱学森语录三："我姓钱，但我不爱钱。"

1994 年，钱学森获得何梁何利基金奖，奖金为 100 万港元；2001 年，他又获得了霍英东"科学成就终身奖"，奖金也是 100 万港元。据他的秘书兼学术助手回忆，这两笔奖金的支票还没有拿到手，钱学森就让他代写委托书，将钱捐给祖国西部的沙漠治理事业。捐出奖金时，他说："我姓钱 ，但我不爱钱。"金钱，生不带来，死不带去，生命是短暂的，眼前的名利终有一天会烟消云散。唯有好好把握机会，善用时间，为社会为国家无私奉献，为他人谋取幸福，才能化短暂为永恒，钱学森无疑是这方面的楷模。

1947年钱学森学成后第一次回国在高校演讲，他用诺奖得主尤里的一句话结束自己的演讲:"我们要消灭众生的困苦和匮乏，带给他们愉悦和美丽"，也正体现了他深深的报国之情。钱学森回国后，受到党和人民政府的高度信任，委以重托，但他从不居功自傲，始终以"普通一兵"的姿态严格要求自己。他身居"中将"高位，却同广大指战员一起穿行于风沙弥漫的西北荒漠，风餐露宿爬冰卧雪。他得过国际国内许多大奖，却从不把它看成个人的成功，而是归功于集体。"我本人只是沧海一粟，渺小得很。真正伟大的是中国人民，是中国共产党，是中华人民共和国！"这是钱学森的肺腑之言。

钱学森一生默默治学，但无论在什么时代，什么地方，他所选择的，既是一个科学家的最高职责，也是一个中华儿女的最高使命。他一生的经历和成就，在中国的国家史、华人的民族史和人类的世界史上，同时留下了耀眼的光芒，照亮了来路。作为中国航天事业的先行人，他不仅是知识的宝藏、科学的旗帜，而且是民族的脊梁、全球华人的典范，他向世界展示了华人的风采。在他心里，国为重，家为轻，科学最重，名利最轻。五年归国路，十年两弹成。开创祖国航天，他是先行人，披荆斩棘，把智慧锻造成阶梯，留给后来的攀登者。伟哉钱学森，立丰功伟业担民族脊梁！壮哉钱学森，任世事变迁不移报国志！

★ 中国“核司令”程开甲——我与祖国在一起

作为我军核试验事业的开创者之一，他在长达40年的时间里，一直隐姓埋名，默默坚守。直到1999年被授予“两弹一星功勋奖章”，他才从幕后走到了前台，他就是程开甲。2018年11月17日上午，中国科学院院士、“两弹一星功勋奖章”获得者程开甲在301医院病逝，享年101岁。程开甲，1918年8月出生于江苏吴江，中国科学院院士，物理学家，我国核武器事业的开拓者之一，我国核试验科学技术体系的创建者之一，“两弹一星功勋奖章”获得者，国家最高科技奖、国家科技进步特等奖、全国科学大会奖获得者。2017年7月28日，中央军委主席习近平签署命令，授予程开甲“八一勋章”。回望百年人生，他说：“我这辈子最大的幸福，就是自己所做的一切，都和祖国紧紧地联系在一起。”一句肺腑之言，一生为国铸盾，映照百年风云。

年少时，他一腔热血，出国求学。1937年，程开甲高中毕业，同时被交通大学和浙江大学录取，他最终选择了浙江大学。1941年，程开甲毕业留浙江大学物理系任助教，并开始钻研相对论和基本粒子。1946年8月，在李约瑟博士的推荐下，程开甲赴英国爱丁堡大学留学，成为著名物理学大师马克斯·玻恩教授的学生。在此期间，程开甲主要从事超导电性理论的研究，与导师共同提出了超导电的双带模型。1948年秋，程开甲获哲学博士学位，任英国皇家化学工业研究所研究员。导师玻恩十分欣赏他的才能，希望他能留下，并劝他把夫人、孩子都接到英国来。1949年4月下旬，程开甲做出了自己的决定。当时，他正在苏格兰出差。一天晚上，他去看电影，故事片前放了一个短新闻片，那艘在长江上的英国军舰“紫石英号”不顾人民解放军的警告，公然挑衅，被解放军炮火击中，被迫升起白旗，解放军才停止炮击。这让程开甲大大出了一口气，从这部短片上看到了中国的希望。看完电影，程开甲走在大街上，腰杆挺得直直的，他为自己是中国人而感到自豪。回家去！回中国去！程开甲下定了决心。1950年8月，程开甲踏上了祖国的土地。他直奔母校浙江大学，被安排在物理系任教授。

20世纪50年代，面对严峻的国际形势，为了抵御帝国主义的核威胁，打破他们的核讹诈、核垄断，党中央决定研制中国的原子弹。1958年6月11日，毛泽东在军委扩大会议上说：“原子弹就是那么大的东西。没有那个东西，人家就说你不算数。那么好吧，我们就搞一点吧，搞一点原子弹、氢弹、洲际导弹，我看有十年的工夫完全可能。”1960年3月，由钱三强“点将”，经邓小平批准，程开甲被任命为核武器研究所的技术副所长。程开甲与科学家们一起，开始了研制原子弹的秘密历程。西北核试验基地初建时，生活条件极其艰苦，喝苦水、战寒风、打野兔。不仅粮食吃不饱，戈壁滩上水也珍贵，早晨的洗脸水留着下班洗手、晚上洗脚，澄清了再洗衣服。有时水紧张，几天都不洗脸。程开甲是核试验研究所的副所长，他的主要任务是保证原子弹试验取得成功，测得爆炸时的各项参数和试验产生的效应数据。为了中国的原子弹，那时他的时间表上没有节假日，一搞起科研来，经常通宵达旦，忘了吃饭睡觉是经常的事。有一次，程开甲一门心思地研究光辐射和力学冲击波的能量问题，忘吃午饭了。当走出办公室看到别人在午休，他生气地问：“你们为什么上班时睡觉？”大家用惊讶的目光看着他，告诉他现在是午休时间，他这才意识到，自己连午饭还没吃呢。由于当时工作条件极其艰苦，长期以来，程开甲养成一个独特的习惯：在小黑板上演算大课题。那时在戈壁滩，他家里有一块小黑板，办公室里放着一块大黑板。他边思考边在小黑板上写下一个又一个技术方案和公式，计算出那些复杂的参数，解出了一道又一道难题。程开甲常说：“科学实验就得讲严谨，没有严谨就没有成功。”只要见过程开甲的人，都知道他对科学的热情是出了名的。1964 年 9 月，在茫茫戈壁滩深处的罗布泊上竖起了一座 102 米高的铁塔，原子弹就安装在铁塔的顶部。程开甲信心十足地说：“该想的都想了，该做的都做了。原子弹一定能响，不能不响！”1964 年 10 月 16 日 15 时，在惊天动地的巨响中，百米高塔上腾起了蘑菇云，中国第一颗原子弹爆炸成功。就在当天，路透社报道：中国今天爆炸了第一颗原子弹，从而闯入了世界核俱乐部。当时的美国总统约翰逊正在休假，得知中国原子弹爆炸成功了，一下子从椅子上弹起来，立即取消休假，返回白宫。中华民族扬眉吐气了！中国终于有了自己的核盾牌！这颗原子弹的成功爆炸，展示了中国的国防实力，为中国在决定世界和平、制止战争、抵制霸权等国际事务中争取到了一个大国应有的话语权和决定权。第一颗原子弹爆炸成功，凝聚了无数国防科技工作者的贡献，程开甲就是他们中的卓越贡献者。

“我这辈子最大的心愿就是国家强起来，国防强起来。”正是怀着这份丹心报国情，程开甲两易专业方向，奉献大漠 20 多年。1984 年，组织考虑到程开甲的年事已高，把他从戈壁滩调到了北京，担任原国防科工委科技委常任委员、顾问，国家超导专家委员会顾问。他一生获奖无数，谈起晚年的创新成就，程开甲感慨地说:“我只是希望，我的建议、我的研究，能对我国的武器装备发展起到作用。”

在学习他感人事迹的同时，我们更应记住和弘扬的是他留给我们的“三种精神”。其一是忠诚爱国的精神。作为我国核武器事业的开拓者之一、核试验科学技术体系的创建者之一，程开甲把自己的人生、智慧全部都交给了祖国。其二是勤俭为国的精神。程开甲对国家绝对是有功之人，但他淡泊名利，从不居功自傲，却总是时刻为祖国着想，工作上高标准，生活待遇上低要求。1952 年他进入南大任教，学校把他作为归国高级知识分子定为二级教授，但他却执意只领三级教授薪金，念念不忘的是“国家还在抗美援朝”。作为高级教授，当年南大分给他一处两层的房子，他却把自己住房的一层让出来给了为房子犯难的其他老师。其三是无私报国的精神。程开甲参与组织指挥了包括我国首次原子弹、首次氢弹、首次两弹结合试验和首次地下核试验在内的各种类型核试验 30 多次，一马当先、勇敢担当，这一个个“首次”见证他为我国核武器事业发展立下的汗马功劳和无私奉献的情怀。藏身茫茫戈壁 20 余载，他没发一篇论文，但却培养出 10 名院士和 40 多位将军。他带领团队利用历次核试验积累的数据，对核爆炸现象、核爆炸规律、核武器效应与防护等，进行了深入的理论研究，为建立中国特色的核试验科学技术体系做出了杰出贡献。不求名利，不图安逸，“科学技术研究，创新探索未知，坚忍不拔耕耘，勇于攀登高峰，无私奉献精神”，程开甲老人这五言座右铭，就是对他一生爱国报国精神的真实写照。他走了，但他的精神与祖国同在，弘扬程开甲老人身上所体现出的优秀精神，学习他一心为国，一心报国，这当是我们对他最好的缅怀与悼念。

（二）学术巨擘

★ 热血季羡林：平生爱国，不甘后人，化成灰我也爱国

在中国，有这样一位学者：他出身贫寒，6 岁前还在田间拾穗、割草放牛，高中时却非北大清华不考；他精通 12 种语言，获得中国翻译文化终身成就奖，却专门撰文要求辞去“国学大师”“学术泰斗”的头衔；他文风淳朴恬淡，好似野老话家常；他爱国明理，牛棚中自有乐观坚韧，自诩“即使把自己烧成了灰，每一粒灰也是爱国的”。这位学者就是前文中所提到的季羡林。季羡林先生的一生几乎跨越了整个 20 世纪。他以一个知识分子独特的视角见证了中国社会从贫弱走向富强、从任人宰割走向独立自主、从混乱走向统一的变迁。

季羡林（1911 年 8 月 6 日—2009 年 7 月 11 日），中国山东省聊城市临清人，字希逋，又字齐奘。国际著名东方学大师、语言学家、文学家、国学家、佛学家、史学家、教育家和社会活动家。历任中国科学院哲学社会科学部委员、聊城大学名誉校长、北京大学副校长、中国社会科学院南亚研究所所长，是北京大学的终身教授。他出身寒门，最终成为闻名中外的大学者。他终其一生都保留着非常浓重而真挚的家国情怀，这一点从很早的时候就可以体现出来。季羡林 1923 年小学毕业后，考取正谊中学，入学以后，对他影响最大的一个老师，就是正谊中学的校长鞠思敏先生。鞠思敏是当时最有名的爱国者之一，日本人进了济南以

后，慕名想求他出来做伪政权的一个官员，结果遭到了坚决拒绝，挨饿也不拿日本人的面粉。校长的风骨感染了少年季羡林。从1928年日寇占领济南那天起，当地学生组织的反抗就没有停止过，季羡林和伙伴们一道发过传单、撬过铁路、烧过日货，让日军非常头痛。于是，针对学生的抓捕和枪杀时有发生，17岁的季羡林，险些死在日寇的刺刀底下。1931年九一八事变，日军悍然占领东三省。季羡林此时已经是清华大学大二的学生，学生们对蒋介石奉行的“攘外必先安内”政策不满，纷纷来到政府请愿。刚满20岁的季羡林更是满腔热情，救国如救火，为了让蒋介石出兵抗日，他和众多学生一起，奔赴南京请愿，甚至卧轨绝食。

由此可见季老的爱国之情在年轻时就已经根深蒂固，不仅仅是停留在口头上的口号，而且是落实到了具体的社会实践活动之中。1935年，清华大学与德国签订了交换研究生的协定，他报名应考被录取。同年9月赴德国入哥廷根大学，主修印度学。先后师从瓦尔德史米特教授、西克教授，学习梵文、巴利文、吐火罗文，及俄文、南斯拉夫文、阿拉伯文等。季羡林留德10年之后，第一次回到上海之时就跪吻脚下土地，说道：“我的祖国，我终于回来了。”在外国经历了第二次世界大战的季羡林在回到祖国土地上的刹那间的这一感情表述，只有亲身经历的人才能真正体会。关于爱国，季老曾经这样说过：“我生平优点不多，但自谓爱国不甘后人。即使把我烧成了灰，我的每一粒灰也还会是爱国的。”爱国对有识之士来说，是扎根在心灵深处，什么力量也拔不掉的，是泰山崩于前，迅雷震于顶，也舍弃不了的情怀。季老认为，我们眼前发扬爱国主义精神，不但不能削弱，而且更应加强。我们还要把爱国与奉献紧密结合起来。以爱国主义的情操来推动奉献精神；以奉献的实际行动来表达爱国主义的情操。二者紧密相连，否则爱国主义只是一句空话。

季羡林先生一生都充满了对祖国、对故乡的深深的爱和感激。季羡林先生这样告诫年轻人："个人的生命只有和民族的命运融合在一起才有价值，离开民族大业的个人追求，总是渺小的。"他引用古印度的诗来表达这种情感：你无论走得多远也不会走出我的心，正如黄昏时刻的树影拖得再长也离不开树的根。作为一名普通的年轻学人，我们该怎样做，我们又该怎样做？我们是在舒适安逸中享受生活还是握紧民族复兴的旗帜勇往直前呢？答案是不言自明的，是奋斗，是奉献，这才是青春的价值！

★ 杨绛：我们爱祖国的一切

2016 年，一位 105 岁的老人离去了，这位老人就是敬爱的杨绛先生。她留给我们的精神营养足够丰富，足够我们消化、吸收好长时间，甚至永远都吸收不完。杨绛，本名杨季康，江苏无锡人，中国女作家、文学翻译家和外国文学研究家，钱锺书夫人。杨绛通晓英语、法语、西班牙语，由她翻译的《唐·吉诃德》被公认为最优秀的翻译佳作，到 2014 年已累计发行 70 多万册；她早年创作的剧本《称心如意》，被搬上舞台长达 60 多年，2014 年还在公演；杨绛 93 岁出版散文随笔《我们仨》，风靡海内外，再版达 100 多万册，96 岁出版哲理散文集《走到人生边上》，102 岁出版 250 万字的《杨绛文集》8 卷。在她留给我们的众多精神财富中，令人感受最深的是她晚年充盈在生命中、显现在文字里浓浓的家国情怀。

杨绛先生辞世后，人们在痛惋之余，都说：时隔17年，“我们仨”终于团圆了。可见在人们心目中，这三口之家是一个不可分割的整体，而维系这个家的重要人物便是杨绛先生。她孑然一身羁留尘世17年，只为了给这个家“打扫战场”。“打扫战场”是她诙谐的俏皮说法，从中显示了杨绛先生的通达乐观与极强的责任心。她深爱着她的家庭，深爱着她的丈夫，深爱着她的女儿，她要把他们未做完之事继续做完，使他们的事业圆而满之，使这个家圆而满之。圆而满之的意思就是有所交代，就是尽责。她要为这个家尽责，为“我们仨”尽责，为的是让“我们仨都没有虚度此生”；为的是让她和“我们仨”为这个民族、这个国家，乃至全人类尽责。她所谓的“打扫战场”既体现出她对家庭的爱与责任，更体现出她对民族、国家乃至人类的爱与责任。杨绛先生晚年绝不仅仅是为家人“打扫战场”，她还以90岁以上的高龄继续其创作生涯。2003年92岁时创作、出版了《我们仨》，2007年96岁时创作、出版了《走到人生边上》，还有2014年103岁时出版了《洗澡之后》。如果说《我们仨》以及《钱锺书手稿集》是为女儿和丈夫“打扫战场”的话，那么《走在人生边上：自问自答》也可以看作是她为自己“打扫战场”，更确切地说，她要为自己的人生画上一个圆满的句号。在她看来，这个圆满的句号只有一种画法，即把自己百余年的人生感悟，无论是参透的还是未参透的，以文字的形式留给后人、后世，以期对后人、后世有所教寓，若是能对改进现实社会的种种不如意有所助益，那更是在老人离开以后可以告慰其在天之灵了。《走到人生边上：自问自答》一书是杨先生在96岁之际向世人奉献的，其创作的艰难可想而知。用杨先生自己的话说：“我的《自问自答》是我和自己的老、病、忙斗争中写成的。”之所以要写这部书，是因为“我正站在人生的边缘上，向后看看，也向前看看。向后看，我已经活了一辈子，人生一世，为的是什么呢？我要探索人生的价值”。一个明知自己将不久于人世的老人，还要探索人生的价值，显然不是为自己，而是以自己的经历和感悟为世人探索人生的价值。之所以要为世人探索人生的价值，缘于其对现实社会深深的关切，甚至极大的忧虑。她要世人警醒，她要世人向上，她要世人像“我们仨”一样，都能实现自己的人生价值，“尽量做些能做的事，就算没有白活了”。这是她在与病魔做斗争中创作该书的最大动力。她以看似糊涂实际早已大彻大悟的自问自答方式，展示了自己的信念和信仰。有国才有家，家国两相依，这是家国情怀的生动体现。在书中，先生向我们表达了三个层面的现实关怀。个人层面，她对当下很多人的理想、信念缺失，良知沉沦，以及道德滑坡的状况深感忧虑；社会层面，她列举了种种社会不公，提出了对此应该如何自处；全人类层面，先生通过对人类文明和人性的讨论，表述了对人类现实和未来的关切。

纵观杨绛先生的一生，其文字沉静而内敛，用她自己的话来说，她本人身着“隐身衣”，甘愿做一个“零”，她始终隐藏在钱先生耀眼的光芒之后。但是如果仅仅把杨先生理解为贤妻良母，未免过于肤浅。1938 年，陷入抗战烽火的中国大地上疮痍满目，很多留学生滞留海外，也有很多人前往国外，但是钱杨夫妇却带着两岁多的幼女长途奔波赶回国内，开始了流亡般的艰难岁月。1949 年，很多知名文化人士迁居台湾地区，钱杨夫妇也在受邀之列，但他们却留了下来。在他们内心深处，父母之邦有他们挚爱的亲人，有他们眷恋的文化，令他们难舍难分。他们是有志气的中国人，尽管历尽沧桑，但是他们从没有放弃自己的信念，他们始终酷爱读书，钟情于灿烂的文化，更追慕深刻的思想，他们一生所取得的巨大成就让父母之邦为他们骄傲和自豪。

在中华民族自强不息的历史长河中，国家、荣誉、责任、担当永远是社会不朽的主题。常怀爱国之情，常思报国之举，是我们每个人的责任和使命。国全，家乃安。国者，大之家也。热爱祖国，热爱家园，在很多时候是国人价值的一体两面，当国家需要时走出家门，奉献祖国；当祖国安宁时，回归家庭，经营家园美好生活。热爱祖国，热爱家庭，热爱亲人，这是最美的家国情怀。让我们心中多一些家国情怀，生活在和平年代的我们，爱国不一定气壮山河，不一定轰轰烈烈，但要在世事浮华中坚定信仰，坚守道德底线，努力做好自己。真正的爱国，就在时时处处；真正的爱国，就在点点滴滴。让我们心中多一些家国情怀，汇聚起千千万万家庭的温暖细流，凝聚起万万千千人民的无穷智慧，共同孕育出家国的磅礴力量，如是，祖国的天，必是“萧瑟秋风今又是，换了人间”；祖国的地，必是“红雨随心翻作浪，青山着意化为桥”。

（三）艺术大师

★ 忠诚于人民的现实主义者——徐悲鸿

提到徐悲鸿，无人不知他的奔马。徐悲鸿（1895 年 7 月 19 日—1953 年 9 月 26 日），汉族，原名徐寿康，江苏宜兴市屺亭镇人，中国现代画家、美术教育家。作为最早那批出国留学的画家之一，那时候的他，除了对绘画的热爱，还有一份把大洋彼岸的绘画秘方带回祖国的使命感。他主张“古法之佳者守之，垂绝者继之，不佳者改之，未足者增之，西画之可采者融之”。话说1919年到1927年，他在欧洲一些国家留学期间，中国军阀混战，贫穷落后，在世界上没有地位，在外国的中国留学生常受到一些人的歧视。有一次，许多留学生在一起聚会，一个满身散发着酒气的外国学生站起来，恶毒地说：“中国人又蠢又笨，只配当亡国奴，就是把他们送到天堂里去深造，也成不了才！”坐在一旁的徐悲鸿被激怒了，他走到这个洋学生面前，大声说：“先生，你不是说中国人不行吗？那么，我代表我的祖国，你代表你的国家，我们比一比，等学习结业时，看看到底谁是人才，谁是蠢材！”从此，徐悲鸿学习得更勤奋了。他到巴黎各大博物馆去临摹世界名画的时候，常常是带上一块面包一壶水，一去就是一整天，不到闭馆的时间不出来。法国画家达仰非常喜欢徐悲鸿，他从这个中国青年身上，看到了中国人民的坚强毅力。他主动邀请徐悲鸿到家做客，在他画室里画画，并亲自给徐悲鸿指导。有志者，事竟成。徐悲鸿进入巴黎国立高等美术学校后在几次竞赛和考试中获得了第一名。1924年，他的油画在巴黎展出时，轰动了巴黎美术界。

归国后的徐悲鸿立即投身教育界，先后任教于国立中央大学艺术系、北平大学艺术学院和北平艺专，1949年后任中央美术学院院长。中央美术学院的校训“尽精微，致广大”就是徐悲鸿提出的，现在仍是央美学子的口头禅。徐悲鸿擅长人物、走兽、花鸟，主张现实主义，作画主张光线、造型，讲求对象的解剖结构、骨骼的准确把握，并强调作品的思想内涵，对当时中国画坛影响甚大，与张书旗、柳子谷三人被称为画坛的“金陵三杰”。所作国画彩墨浑成，尤以奔马闻名于世。徐悲鸿的创作思想总体上历经了从悲天悯人到人定胜天的转变，他的作品以人物为主体，倡导创作要用悲天悯人的激情来表现人道主义、爱国主义精神。他作于1928至1930年的《田横五百士》取材于《史记》，他着重描绘的是田横与五百壮士相诀别的场面，用戏剧性的手法突出这个特定的瞬间，众将士对田横此去洛阳表示沉默、疑虑、忧伤、愤怒或反对，田横却双目炯炯，没有悲伤，而是透露出坚毅和不屈，一身傲骨。此时无声胜有声，画面笼罩在强烈的悲壮气氛中。作品成功地歌颂了“威武不能屈”的英雄气概和无畏的斗争精神，也是针对当时有些人对国民党趋炎附势，从正面加以贬斥。他的女儿徐静雯回忆道：“父亲作此画时，正是日寇入侵，蒋介石妥协不抵抗，许多人媚敌求荣之时，父亲意在通过田横故事，歌颂宁死不屈的精神，歌颂中国人民自古以来所尊崇的‘富贵不能淫，威武不能屈’的品质，以激励广大人民抗击日寇。”徐悲鸿游历印度期间，创作了《愚公移山》，画面中团结一心、奋力向前的开山人，透露着一股坚韧和决心。当时抗日战争正进行得如火如荼，一个画家用自己的方式，传达着爱国情。其构思，和党的七大闭幕词中毛主席说的“要看到了人民的力量，相信全国人民坚忍不拔，坚持抗战，敌人是一定会被打败的”是一致的，也表现出了人定胜天的精神。新中国成立后，徐悲鸿的大量《奔马》创作，更是作为新时期广大中国劳动人民的象征，体现了民族精神的振奋，鼓舞斗志，更集中表现出了徐悲鸿“人定胜天”

的创作精神。“人定胜天”是“悲天悯人”的发展，徐悲鸿从曲折隐晦的表达到直抒胸臆的呼喊，思想意识在磨炼中变得更加坚定，爱国之情更加浓郁和强烈。纵观徐悲鸿的绘画，可以看出，他是一个忠诚于人民的现实主义者，一个爱国主义者，他的艺术观和世界观跟随着革命的车轮迈出雄健的步伐，从人性出发，踏上为人民服务的艺术大道。

徐悲鸿深怀对祖国的赤子之情走向了人生的终点，1953 年 9 月 26 日，徐悲鸿因脑溢血病逝，享年 58 岁。按照徐悲鸿的遗愿，夫人廖静文女士将他的作品 1200 余件，他一生节衣缩食收藏的唐、宋、元、明、清及近代著名书画家的作品 1200 余件，图书、画册、碑帖等 1 万余件，全部捐献给国家。

徐悲鸿用他的一生，践行对祖国的无限深情。他为祖国的尊严与荣光鞠躬尽瘁、死而后已。在他的眼里在他的心中，祖国是那引吭高歌的号角，唤醒拂晓的沉默；是冲天腾飞的巨龙，叱咤时代的风云；是威风凛凛的雄鸡，舞动神州的雄风；是人类智慧的起源，点燃文明的星火。他愿把自己的全部身心、整个生命奉献给他深深爱恋的祖国。

★ 琴音化蝶成绝响——盛中国

有人说，这是一个传奇的陨落。2018 年 9 月 7 日，著名小提琴家盛中国病逝，享年 77 岁。他说，小提琴演奏，左手要长在琴上，右手的血脉要流入弓里。一首民族经典乐曲《梁祝》，经由他之手传播到世界各地。而他的名字，本身就满载着浓浓的中国情。盛中国，中国小提琴学会会长、中国小提琴演奏艺术的代表人物，以高超娴熟的演奏技巧征服了世人的耳朵，同时，也缔造了无数中国人的“梁祝情结”。他曾多次应邀到世界各国和港澳地区举行独奏音乐会，并与一些世界著名音乐家及交响乐团合作演出了古典和现代小提琴作品，被国外权威人士誉为“杰出的音乐演奏大师”“最迷人的小提琴家”“中国的梅纽因”。他是新中国小提琴演奏艺术的领路人，从 1986 年开始，先后在中国、日本、美国举行的国际小提琴比赛中出任国际比赛评委会评委。他的名字已被载入当代音乐史册。

1941 年，盛中国出生在一个音乐之家。父亲盛雪是中国著名的小提琴教授，母亲朱冰主攻声乐。他们养育了十一个孩子，其中十个以音乐为专业，九人拉小提琴。盛中国曾回忆，在广州友谊剧院，父亲盛雪曾率全家十二位小提琴演奏成员（包括两个孙辈成员）同台演出，轰动了中国音乐界。父亲从小对长子盛中国的艺术训练格外严格。盛中国说，“连我的胎教都是听爸爸拉琴”。5 岁那年，家里特地举办拜师礼，他正式拜父亲为师，从此开始了冬练三九、夏练三伏，与琴为伴的日子。考入中央音乐学院附中后，盛中国参与了不少音乐会演出和比赛，逐渐在音乐圈小有名气。1960 年，盛中国被选派赴莫斯科柴可夫斯基音乐学院深造，师从世界著名的小提琴演奏大师列奥尼德·柯岗。在那里，他参加音乐界“奥林匹克”级的柴可夫斯基国际小提琴比赛，获得荣誉奖，成为新中国最早在世界性音乐比赛中获奖的小提琴家之一。在盛中国的众多代表作中，最让人念念不忘的，莫过于缠绵凄美的小提琴协奏曲《梁山伯与祝英台》。一生中，盛中国演奏过上万场《梁祝》。盛中国说，“演奏《梁祝》，要有西方的那种装饰美、形态美，也要有从中国的水墨绘画中汲取的那种内涵，那是只可意会不可言传的东西，那种诗中有画、画中有诗的境界。这样才能到达音似神往、入木三分的境界。”

艺术上的斐然成就与他心有大爱密不可分，盛中国曾说过：“每个人的心中都有两根琴弦，一根是天使的琴弦，一根是魔鬼的琴弦。真正的艺术家，能够帮助人们拨动内心那根天使琴弦。”在盛中国看来，只有内心充满爱，表达出来的音乐才是真实感人的，否则就是作秀。视提琴如命的他，曾经卖过 3 把提琴。第一把卖了 50 万元，他给贫困山区捐了 25 个塑胶操场；第二把卖的 100 多万元，捐给了老家的基金会；第三把卖了 180 万元，捐给了中国扶贫基金会。汶川大地震后，他第一时间捐出 400 万元；他拎着一把价值过千万的 1754 年的意大利名琴奔走各地演出，可其中许多场次是分文不取的义演；从 1987 年开始他每年都去日本演出，并将演出所得的一部分捐赠给各国留学生作医疗基金；他和妻子濑田裕子没有子女，但资助了 142 名贫困学生。

他的慈爱之心也正是爱国情怀的体现，盛中国，盛中国！这是他用一生捍卫的名字。盛中国说自己是个好商量的人，但是有两件事是不可能商量的，那就是国格和人格。“我父亲给我取这个名字有两个含义，一是希望我们的国家能够强盛；另外就是希望我成为优秀的人。我在国外的时候，每次说出自己的名字都非常骄傲，因为我觉得我和祖国连在一起。”他说，“我在国外做所有的事情只有一个愿望：展示中国的风采，让他们感到我们国家非常美好；让他们通过演奏家的一言一行，觉得今天的中国确确实实是一个令人瞩目的国家。我欣慰的是，通过小提琴这个载体，我在国内外听众心中撒下了艺术的种子和对美的追求。”盛中国的名字带有典型的时代气息。因为出生那年正值 1941 年的乱世之秋，他的父母与所有中国人一样，最盼望的就是中国能够强大昌盛，不再受人欺凌，遂为他起名“盛中国”，父亲取的名字成了他一生的使命。盛中国曾有机会获得美国绿卡和日本国籍，但他毫不犹豫地拒绝了，他说：“那时候的涉外婚姻，许多人会借机加入外国国籍。但我和濑田裕子婚前就达成共识，我永远不会加入日本国籍。我是坚定的爱国主义者。”盛中国在 2013 年央视《开讲啦》栏目进行了题为《人生是一场远行，不忘起点方能寻得归途》的演讲，倾诉了他将爱国看得高于一切，愿把内心最美丽的激情献给祖国。他说：“我需要的只是一个世界的音乐舞台，我的根是在中国。最终这个舞台是用来干什么的呢？我要让全世界了解今天的中国，了解今天中国的文化，了解今天中国辉煌的一面。”他还对青年一代深情寄语：“同学们，你们都有自己的价值，有一天你们都会去实现自己的价值，成为非常优秀的人物。人生的确是一段远行，因为你走出去，你就能开阔自己的眼界，你就能够去了解世界，认识世界。但永远要记住：这个小我是一定要跟大我重叠在一个，用胶片来比喻的话，重叠在一个焦点上的。这是非常重要的，这是我们实现中国梦的动力。”

盛中国，一把琴弓，拉动的是生命的弦。于艺术的人生，是精益求精的雕琢；于人生的艺术，是余韵悠长的张弛。梁祝化蝶飞去，天堂琴音不老。一提到祖国，你是否也如盛中国这般胸中涌动激情，眼角常泛泪光？“世界上有许多美好的地方。但是，那里有黄山吗？有黄河吗？有长江吗？有长城吗……既然这些都没有，那么，祖国就是一个不可替代的地方。”当年路遥的文字，激发起多少人爱国奋斗的精神。中国成其为中国，正在于有千千万万中国人生于斯、长于斯，情感系于斯、认同归于斯。爱国情是最朴素的情感，做人的根本就要知道该如何去爱国，只有在心里播撒下爱国的种子，才能收获对祖国人民的浓浓之情与拳拳之心。

（四）今日海归

★ 女排精神——郎平

中国女排不畏强手、英勇顽强，打出了风格、打出了水平，时隔 12 年再夺奥运金牌，充分展现了女排精神，全国人民都很振奋。[①]

——习近平

北京时间 2016 年 8 月 21 日上午，里约奥运会女排决赛打响，中国女排迎战塞尔维亚女排。最终，中国女排 3 ∶ 1 战胜实力强劲的对手，时隔 12 年再次问鼎奥运。时隔 32 年，唯一一个两次作为主要参与人亲历女排奥运夺冠的铁榔头——郎平，一夜之间成为了各大媒体争相追捧的明星。郎平，女，汉族，身高 1 米 84，祖籍中国天津，著名女子排球运动员、教练员。1973 年进入北京工人体育馆少年体校排球班练习排球，1976 年进入北京市业余体校，同年入选北京市排球队，1978 年入选国家集训队。1984 年洛杉矶奥运会女排决赛，中美巅峰对决，身高 1 米 84 的中国女排主攻手郎平击溃了美国女排的防线，帮助中国女排登上了冠军的宝座，赛后诞生了一个流行词——铁榔头。作为当年中

① 参见人民网 2016 年 9 月 29 日文章《习近平总书记为何点名表扬中国女排》，作者董杰，http://theory.people.com.cn/n1/2016/0929/c40531-28748956.html.

国女排黄金一代的佼佼者，郎平帮助中国女排夺得了世界杯冠军、世锦赛冠军，还在奥运会的赛场上实现了三连冠。1986 年退役之后，郎平前往国外执教，继续排球事业。1989 年，意大利甲 A 排球俱乐部老板聘用郎平。一年后，她获得了工作签证，得到了美国绿卡。后来，郎平硬是凭借着自己的实力和能力，在美国成为了职业教练，年薪 20 万美元。她开始在美国、意大利、日本甚至土耳其各地辗转做排球教练，收入和人气不断增加。而就在人生和事业正处于上升期的她，却在此时选择了回国。只因为一句：祖国需要你！ 1992 年巴塞罗那奥运会之后，中国女排一蹶不振。在备战 1996 年奥运会的时候，中国排协想起了郎平。此时的郎平在国外生了个女儿，家庭事业都在稳步发展中。她的恩师袁伟民力邀她回国，只说了句：中国现在真的很需要你。她便舍弃一年几十万美金的收入，不惜与丈夫离婚，毅然回国。郎平临危受命接下了这块“烫手的山芋”。她最亏欠的，是当时只有 3 岁的女儿白浪。相隔半个地球，她最担心的也是女儿。每月发了工资，她就拿着自己的工资去打远洋电话。每次打过去，女儿都会兴奋地给妈妈唱歌。所爱隔山海，山海皆可平。1996 年的亚特兰大奥运会上，郎平带领中国女排接连战胜韩国、美国、日本和俄罗斯，顺利地闯入决赛，最终以微弱的比分输给了实力最强的古巴队而获得亚军。这就是郎平，这就是我们的“铁榔头”。她用一己之力力挽狂澜，将中国女排重新带回世界前三。本来凭借着女儿出生在美国，她完全可以以监护人身份变更国籍，但她没有。她说：“无论我在哪儿，我都是中国女排的一员，我都是一个中国人。”

“铁榔头”郎平两次在中国女排最困难的时候，主动接下了中国女排主帅这个“星球上压力最大的职业”：第一次是 1995 年女排生死存亡之际，她毅然归国，担任女排主帅，累倒在工作当中；第二次是 2012 年中国女排伦敦奥运会被日本队淘汰，2013 年同年龄队友陈招娣撒手人寰，这一系列的悲痛触动了郎平内心深处的女排情结，于是她冒着“一世英名可能毁于一旦”的风险再次走马上任。仅仅一年半时间，郎平就带领中国队于 2014 年时隔 16 年重返世锦赛决赛舞台，最终夺得亚军，并于 2015 年重夺世界杯冠军，于 2016 年夺得里约奥运会冠军。是她一手把低谷中的中国女排重新带回了世界之巅。30 年来，从担任主攻手时的“五连冠”到任教练率中国女排重返世界之巅，“铁榔头”似乎已经是奇迹的代名词。多次受伤之后，她也经历了多次手术，平时开玩笑对自己说现在的追求没有那么高了，能够正常走路、正常生活就行。但是，她说她唯一放不下的就是中国女排，在有生之年，还要努力为排球事业做出努力。2017 年 2 月 8 日，她被评为 2016 感动中国十大年度人物，颁奖词中写道:“临危不乱，一锤定音，那是荡气回肠的一战！拦击困难、挫折和病痛，把拼搏精神如钉子般砸进人生。一回回倒地，一次次跃起，一记记扣杀，点染几代青春，唤醒大国梦想。因排球而生，为荣誉而战。一把铁榔头，一个大传奇！”感谢郎平，感谢中国女排姑娘们！凝心聚气，为中华崛起而战！

“实干兴邦，空谈误国”，爱国、奋斗，是我们的责任，是我们的义务。在郎平“铁榔头”榜样的激励下，在女排拼搏精神的感召下，让我们脚踏实地、从身边小事做起，奋勇向前。在中华民族伟大复兴的征程中，这浓郁的爱国心、爱国情，必将汇聚成气势磅礴的洪流，必将凝结成炽热滚烫的霞光，成为推动国家进步的“中国力量”！

★ 喜欢唱“我爱你中国”的地球物理学家——黄大年

我们要以黄大年同志为榜样，学习他心有大我、至诚报国的爱国情怀，学习他教书育人、敢为人先的敬业精神，学习他淡泊名利、甘于奉献的高尚情操，把爱国之情、报国之志融入祖国改革发展的伟大事业之中、融入人民创造历史的伟大奋斗之中，从自己做起，从本职岗位做起，为实现“两个一百年”奋斗目标、实现中华民族伟大复兴的中国梦贡献智慧和力量。[①]——习近平

有一种感动叫敬仰，有一种致敬叫跟随。带着对祖国的无限眷恋，带着对事业的无限留恋，带着对学生的无限惦念，国家“千人计划”特聘专家黄大年走了，正如他最喜欢的徐志摩诗歌《再别康桥》一样，“轻轻的您走了，正如您轻轻地来，您魁伟的身影，化作西天的云彩”。黄大年（1958 年 8 月 28 日—2017 年 1 月 8 日），男，汉族，广西南宁人，国际知名战略科学家、中国著名的地球物理学家、国家“千人计划”专家。曾任吉林大学新兴交叉学科学部首任部长，地球探测科学与技术学院教授、博士生导师。2009 年，黄大年毅然放弃国外优越条件回到祖国，刻苦钻研、勇于创新，取得了一系列重大科技成果，填补了多项国内技术空白，2017 年 1 月 8 日不幸因病去世，年仅 58 岁。

① 参见新华网 2017 年 5 月 25 日报道《以黄大年为榜样，习近平强调 3 个“学习”》，http://www.xinhuanet.com/politics/2017-05/25/c_1121037631.htm.

黄大年“心有大我、至诚报国的爱国情怀”从哪里来？一个人的成长成才，有其宏大的时代背景和独特的心路历程。刚刚大学毕业的黄大年，在毕业留念册上，就写下了这样的豪言：“振兴中华，乃我辈之责！”“父辈们的祖国情结，伴随着我的成长、成熟和成才，并左右我一生中几乎所有的选择。这就是祖国高于一切！”从他的一份工作自述中，也能清晰地管窥他高尚的内心世界。黄大年出生于广西南宁，父母都是老一辈知识分子。父亲对黄大年的要求十分严格，常在一些小事中锻炼他的记忆能力和应变能力。“中国的未来绝不能没有文化知识。”记忆中，父亲经常讲到钱学森、邓稼先、李四光……他们“沉稳”“和善”，“带回国的行李箱中满满都是书”。1977 年恢复高考，关闭 10 年的考场重新敞开大门。黄大年如愿以偿，考入长春地质学院应用地球物理系（现吉林大学地球探测科学与技术学院）。美好的大学时光倏忽而过，转眼来到毕业季。当时流行写毕业留念册，在册子上留下青春的照片和临别的赠言。那是一张一寸黑白证件照，24 岁的黄大年，一头浓密黑发，目光坚毅，俊朗的脸庞充满朝气。照片上方，有一句赠言简短有力：“振兴中华，乃我辈之责！”一颗“中国梦”的种子，此时发了芽。

1982 年，黄大年本科毕业，留校任教。一年后，又考取硕士，硕士毕业，继续留校任教。1988 年，黄大年加入中国共产党。他在入党志愿书中写道：若能做一朵小小的浪花奔腾，呼啸着加入献身者的滚滚洪流中，推动历史向前发展，才是一生中最值得骄傲和自豪的事情。1992 年，黄大年得到了全国仅有的 30 个公派出国名额中的一个，在“中英友好奖学金项目”全额资助下，被选送至英国利兹大学攻读博士学位。因本领过硬，黄大年成为国际著名航空地球物理探测技术专家，受到国际同行的尊敬。一晃 10 多年，英国俨然成了黄大年的第二故乡。事业有成，收入优渥，有花园洋房，妻子在伦敦经营着两间诊所，女儿也上了大学，一家人的生活安逸舒适。黄大年在英国搞科研，始终是一个被追赶者，但他并不觉得荣耀，因为他是“有祖国的人”。“作为中国人，无论你在国外取得多大成绩，而你所研究的领域在自己的祖国却有很大差距甚至刚刚起步，那你都不是真正意义上的成功。”满腔赤子情，一颗报国心。对于黄大年来说，学成归来，报效祖国，才是最大的成功，才是今生今世最大的价值，“对我而言，我从未和祖国分开过，只要祖国需要，我必全力以赴！”黄大年虽然身在海外，但一颗心，时刻准备着回来。2004 年，黄大年正在大西洋深水处攻关“航空重力梯度仪”军转民技术时，父亲走到了人生的最后时刻。电话那头，父亲深情地对大年说：“儿子，估计我们见不到最后一面了……你可以不孝，但不可不忠，你是有祖国的人！”两年后，母亲也悄然离去。当时，黄大年正在国外一个空军基地做试验。母亲临终前，留下的还是那句话：“你是有祖国的人。”

半个多世纪以来，有过两次大的归国潮，都与国家、民族的召唤紧密相连。钱学森们的归来，是奔向“新中国”；黄大年们的回国，是践行“中国梦”。2008 年 12 月，中国决定实施“千人计划”，旨在引进海外高层次人才回国工作或以适当的方式为国服务。2009 年 4 月，时任吉林大学地球探测科学与技术学院院长的刘财，把国家“千人计划”有关材料试探性地发送给远在英伦的黄大年。听到母校的召唤，海外赤子的一颗心被彻底激活。黄大年第一时间就明确表示，考虑回国。黄大年需要祖国，祖国也需要黄大年。“多数人选择落叶归根，但是高端科技人才，在果实累累的时候回来，更能发挥价值。现在正是国家最需要我们的时候，我们这批人应该带着经验、技术、想法和追求回来。”在黄大年给刘财的一封邮件中，爱国之情一览无遗。黄大年与吉林大学正式签下全职教授合同，担任吉林大学地球探测科学与技术学院教授。他因此成为东北地区第一个国家“千人计划”专家。每每想起签约的场景，黄大年都会感慨万千，以至于7年后的同一天，他彻夜难眠，在朋友圈中这样写道：“从海漂到海归一晃18年，得益于国家强大后盾，在各国才子强强碰撞的群雄逐鹿中从未言败，也几乎从未败过！有理由相信，回归到具备雄厚实力的母校，只要大家团结和坚持，一定能实现壮校情、强国梦。”

他是一位战略科学家，同时也是目光高远的教育家，他培养学生不仅是“授人以渔”，更是为了学科发展的未来、人才建设的未来、国家战略的未来。“中国正努力从科技大国向科技强国迈进，而这段并不平坦的进程需要几代人去完成。如何培养更优秀的人才，让文化与智慧长久地传承下去，值得每个人思考。”黄大年这段话，体现的正是他致力于培养国家高精尖人才的紧迫感和使命感。“一定要出去，出去了一定要回来；一定要出息，出息了一定要报国。”这是黄大年常对学生说的一句话。他激励学生要树立远大理想和家国情怀，不能只做国内的佼佼者，应视发达国家一流大学的学生为对手。

回国7年，他像陀螺一样不知疲倦地旋转，常常忘了睡觉、忘了吃饭。人毕竟不是机器，哪里经得起这样无休止、高强度的运行？2016年11月29日，也就是办公室日历上有记载的最后一个日子，黄大年再次晕倒，这一次是晕倒在飞机上。他醒后说的第一句话是："我要是不行了，请把我的电脑交给国家，里面的研究资料很重要。"回到长春，黄大年被强制做了体检，检查结果在预料之中：住院治疗，但却比预料的更糟——胆管癌。2016年12月14日，一向健壮的黄大年，被推上了手术台。手术前一晚，当探望的人离开后，他独自在病房打开微信相册，从头翻到尾，过往的岁月像电影一样在脑海里回放，他知道自己即将踏入"战场"，于是在朋友圈里写道："人生的战场无所不在，很难说哪个最重要。无论什么样的战斗都有一个共性——大战前夕最寂静，静得像平安夜……"没想到，这成了黄大年朋友圈的最后一条。

2017年1月8日13时38分，一颗强大的心脏停止了跳动，英雄魂魄化作一只百灵飞向了天空。"百灵鸟从蓝天飞过，我爱你中国……我爱你碧波滚滚的南海，我爱你白雪飘飘的北国……"大年，这是你生前最喜爱的歌，每当唱到深情处，你都禁不住泪眼婆娑。"我爱你青松气质，我爱你红梅品格……我爱你森林无边，我爱你群山巍峨……"大年，这也是你的同事学生好友亲朋最想唱给你的歌。你的青松气质、红梅品格，堪称一代知识分子的楷模；你心有大我、至诚报国的情怀，如山一样的巍峨！英雄无悔，在梦想出发的地方，你把最宝贵的生命献给了祖国！

黄大年是一代人的楷模，是中国知识分子的楷模，是460万名留学生的楷模，正如清华大学副校长施一公教授所说："他的精神感染、激励和鼓舞的绝不仅仅是一个团队、几届学生、一所学校，而将是一个领域、一批学子、一代人。”心有大我，让他的行止有了山的巍峨；至诚报国，让他的胸怀有了海的辽阔。他以战略科学家的气魄，为国家地球深部探测技术运筹帷幄；他以教育家的身姿，为培养学生尽心尽责；他似一朵浪花撞击着梦想的礁石，又像炽热的熔岩冲出地壳，奔涌燃烧，光芒四射直至生命的最后一刻。英雄志、忠骨魂，纪念，是为了更好地前行。爱国是一种情感，更应该是情感和报国行动的统一。作为中国青年，应像黄大年那样辛勤耕耘，合力破解发展难题，共同推动社会进步。当代我们比历史上任何时期都更接近实现中华民族伟大复兴的目标，但还有很多难题摆在面前，我们仍不能松劲。国家兴亡，匹夫有责，应是时时、事事有责，我们都是“中国梦”的参与者、书写者，每一个人都应拿出自己的担当，坚守信念、乘风破浪，助力中华民族伟大复兴的中国梦早日实现。

三、四海同心

（一）华人华侨誓死支援抗战

“黑眼睛黑头发黄皮肤，永永远远是龙的传人。”爱国情怀是一面具有最大号召力的旗帜，也是四海同心的纽带。近代以来，全民族抗战的爆发，激发了中华儿女舍生取义的伟大精神。面对强敌，中华儿女不屈不挠、前仆后继，他们以血战到底的英雄气概与同仇敌忾的爱国情怀，才守住了中华土地，守住了我们共有的家园。

“家贫出孝子，国难多志士。”从 1937 年卢沟桥事变开始，华侨华人即奋起支援国内抗日战争，有钱出钱，有力出力。作为当年中华民族救亡图存和世界反法西斯战争中的一支重要力量，华侨在抗日战争中建立的丰功伟绩，并不因岁月的流逝而逊色。抗战时期，中国在海外华侨华人总数有 800 万—850 万人，其中绝大部分分布在东南亚，约占海外华侨总数的 95% 以上。1931 年到 1945 年，华侨华人支持中国抗战，发挥了巨大的作用。从九一八事变开始到抗战胜利的14年中，华侨捐款总额为国币13亿多元，战时全世界有800多万华侨，其中有400多万人为祖国抗战捐过款。国民政府军政部长何应钦在国民参政会上曾报告说，1939年全年战费共花费18亿元，而华侨义捐可达1/3。由于国民政府的封锁，华侨的捐款很难到达共产党领导的解放区，不过也有少数例外。华侨领袖陈嘉庚回国时，不顾国民党阻挠访问了延安，深深为当地的艰苦奋斗和廉洁作风所感动，他回到国统区和南洋到处宣传，中国只有一个地方没有贪污，那就是延安。民族危亡的关键时刻，世界各地的华人华侨纷纷成立救亡组织，全国抗战开始后，海外华侨华人从经济上支援祖国，采取多种形式把分散的财力物力集中起来，尽一切可能给祖国以援助，一直坚持到抗战的最后胜利。其中，爱国侨领陈嘉庚不仅为组织华侨筹赈祖国的机构做了大量工作，而且抗战之初他率先认购救国公债10万元，接着又在当地认捐“常月捐”每月2000元，直至抗战胜利。海外华侨华人的捐献、购债、侨汇、投资，对祖国抗战起着巨大的作用。据统计，1939年全国战费（不含敌后战场）为18亿元，而当年华侨捐款及侨汇即达13亿元。此外，华侨还捐赠了大量物资。据统计，在抗战的前3年里，海外侨胞捐献飞机217架，坦克23辆，救护车1000余辆，物资总数在3000批以上。

世界各地华侨华人在建立、健全各种抗日救亡组织、积极捐款捐物的过程中，还创办了众多的报纸、期刊，为祖国抗战呐喊。这些刊物种类之多和发行量之大，在华侨华人社会中都是前所未有的。在抗日民族统一战线的旗帜下，这些刊物和各地侨报均在共赴国难的斗争中发挥了重要作用。抗战期间，大批华侨华人热血青年脱下西装革履，回到祖国参战。广东是华侨大省，回国参加抗战的粤籍华侨华人就有 4 万多人，例如广东空军从队长到飞行员几乎全是华侨。当时仅从美国回国的华侨飞行员就有 200 人左右，美国陈纳德率领的飞虎队中也有不少队员是华侨。在中国的主要国际交通线滇缅公路上，有 3000 多名“南侨机工”。这些来自南洋的华侨司机、修理人员和护路技术员冒着被敌机炸死炸伤的危险，工作在这条条件艰苦的公路上，保证了滇缅公路的畅通，共有 1000 多名归国华侨在滇缅公路上献出了宝贵的生命。这些参加抗战的华侨华人，是抗战中的一支重要力量。他们不仅壮大了祖国的抗战力量，还鼓舞了国内军民的斗志，为抗战胜利做出了特殊贡献。

回顾抗战那段英勇悲壮的历史，我们不能忘记海外侨胞这个特殊群体。他们以前仆后继的英雄气概、不畏牺牲的献身精神，投身伟大的抗日战争，与祖国人民共赴国难，结成举国御敌的坚强力量，以血肉之躯铸就了中华民族不屈的钢铁长城。习近平总书记在颁发“中国人民抗日战争胜利 70 周年”纪念章仪式上的讲话指出：“近代以来，一切为中华民族独立和解放而牺牲的人们，一切为中华民族摆脱外来殖民统治和侵略而英勇斗争的人们，一切为中华民族掌握自己命运、开创国家发展新路的人们，都是民族英雄，都是国家荣光。”[①] 抗日战争胜利已经 70 多年了，历史和

---

① 出自 2015 年 9 月 2 日，习近平在颁发“中国人民抗日战争胜利 70 周年”纪念章仪式上发表重要讲话，参见新华网 2015 年 9 月 2 日同名报道，http://www.xinhuanet.com/politics/2015-09/02/c_1116454204.htm.

人民将永远铭记海外侨胞建立的丰功伟绩和付出的巨大牺牲。在抗日战争中牺牲的华侨先烈永垂不朽！华侨为保卫世界和平与人类正义事业做出的历史功绩永载史册！

（二）华人华侨畅谈新时代愿景

“太平世界，环球同此凉热。”华人华侨同根同梦谱写中华盛世新篇章。唐朝王勃有诗曰“海内存知己，天涯若比邻”，无论走多远，无论走到地球的哪一个角落，海外游子与祖国总有一种永恒不变的亲情与紧密的情感纽带。因为他们知道，强大的祖国是我们最坚实的依靠，祖国永远都有侨务工作者在惦记着他们，在关怀着他们，给他们勇敢闯世界的决心和底气！华人华侨畅谈新时代愿景时，纷纷表示，对中国五年来的伟大成就深感骄傲自豪，坚信祖国将创造更大辉煌，并决心为中国梦的实现贡献力量。

祖国日新月异的变化无时无刻不被广大华人华侨关注着。意大利青田同乡总会会长徐小林表示，中国的发展成就令人赞叹，从无现金支付到中国制造走出国门，中国创造的成绩令华侨华人倍感振奋鼓舞。“中国的高速发展，为我们带来了机遇。华侨华人应乘着这股‘东风’，积极做好中意交流合作的‘领路人’。”徐小林还称，全世界华侨华人都看到了未来中国发展的美好蓝图。身为中欧关系的桥梁，众多侨胞都纷纷表示要抓住这一轮中国发展的良好机遇，为中国梦的实现贡献自己的一份力。

日益走近世界舞台中央的中国让华人华侨备受鼓舞，法国OCA审计咨询事务所中国业务部总监龚笃晟表示，习近平强调，中国开放的大门不会关闭，只会越开越大，坚持引进来和走出去并重。这是一条非常重要的信息，高度全球化的今天，只有继续稳健地对外开放，坚定不移地推动“一带一路”建设才能实现多边互利互惠。在对外开放的战略下，其他国家都期待能够积极合作并从中受益。他认为，世界在看中国，中国在看世界。全球华人在关注十九大，期待明天的中国更美好，期待海外华人能够在新时期受益并做出贡献。

有华侨表示未来将致力于向世界传播中华文化，中法艺术交流协会会长侯玉霞表示：“我们作为海外华人华侨，在中国全面崛起、世人关注的同时，有责任有义务把中国优秀文化传播给全世界。中法艺术交流协会就是基于这个出发点而建立的。我们开展的艺术教学、艺术座谈、艺术巡展、艺术采风、文艺演出、服装文化艺术的推广、展演等多种形式的文化艺术交流合作活动，就是要让世界人民对中国、对中国人民有更深入、更客观的认识，为提高中国这一世界文明大国在国际上的地位和影响做出自己的努力。我们相信，中国文化必将为世界的和平发展贡献智慧。”

一直以来，海外华侨华人始终感悟和亲身体会到祖国的关心与爱护，侨胞们身在海外心在祖国的眷恋之情始终缠绕心头。6000 多万华侨华人为祖国今天谱写出的中华盛世新篇章而骄傲，争先恐后地为祖国的繁荣昌盛尽一份心，为中华民族的伟大复兴尽一份力。

（三）华人华侨与“一带一路”

造福沿线国家人民，推动构建人类命运共同体，“一带一路”倡议 5 岁了！ 5 年携手同行，5 年收获满满。“一带一路”是共商共建共享之路，华侨华人是“一带一路”建设的重要力量，是中国与“一带一路”沿线国家和地区民心相通的重要桥梁和纽带。

同时，“一带一路”建设也为华侨华人的事业创造了新的发展机遇，并从整体上促进了华商经济的发展。“一带一路”让华人华侨受益无穷，不少人凭借务实苦干、自强不息的精神，在“一带一路”建设中寻求商机，充当起“一带一路”上的“搬运工”。以侨为桥，凝侨心、聚侨力、汇侨星，“一带一路”上也吹响了华人华侨的集结号，华侨华人与“一带一路”演绎着怎样的故事呢？

先听听斯里兰卡的侨商李前华讲述“一带一路”稳定电力供应带来的光明生活。2002 年，李前华夫妇离开家乡云南，来到位于印度洋上的“宝石王国”斯里兰卡，开启了异国创业之路，主要从事珠宝贸易及旅游酒店行业。“刚到首都科伦坡那几年，经常会发生大规模的停电。由于能源匮乏，电的价格很高，曾经是奢侈品。”李前华回忆说。“着实是一个举国欢庆的日子。”谈起 4 年前时任总统马欣达·拉贾帕克萨宣布下调斯里兰卡全国电价和油价的一幕，李前华仍记忆犹新。2014 年 9 月，中国国家主席习近平访问斯里兰卡。中斯两国元首在科伦坡参加了普特拉姆燃煤电站全面启用视频连线仪式。随后，斯里兰卡全国电价下调 25%。作为“一带一路”沿线国家装备走出去的重要标志性工程，普特拉姆燃煤电站改变了斯里兰卡千万人民的生活。李前华直观地感受到了生活成本的大幅度降低，“正是由于中国的大力支持，当时总统才能挺直腰杆宣布降低电价。受益于这座雪中送炭的‘民心工程’，我们可以尽情享受稳定电力带来的光明生活。”2014 年，一座位于科伦坡以北 130 公里、坐落于斯里兰卡西北部沿海卡尔皮提亚半岛的大型燃煤电站投入使用，源源不断的电力从这里被输送到千家万户，照亮了一度暗淡的“宝石王国”。“这是由我们中国企业承建的普特拉姆燃煤电站！”李前华骄傲地说。国家表演艺术剧院、科伦坡港口城、斯里兰卡国家医院门诊楼等等，5年来，随着“一带一路”倡议逐步落地实施，越来越多中国企业承建的大型项目亮相斯里兰卡，为当地民众带来实惠，也为斯里兰卡经济的发展注入新的动力。“我们赶上了‘一带一路’的好政策，这是历史赋予的创业机遇。”李前华由衷感叹。原创珠宝品牌在中斯两国工商机构获准注册、参与中国—南亚博览会、与云南珠宝企业开展深度合作、接待往来游客及商务考察团……5年来，李前华的事业稳扎稳打，不断进步。他坚定地相信，光明就在前方。

我们再来认识一位英籍华人郑荣昌，他为推动中医药国际化乐此不疲。“我已经有近两年没回英国，一直在亚洲及非洲等‘一带一路’沿线国家和地区之间奔走。”中宏国际健康产业有限公司国际商务总裁、英籍华人郑荣昌谈起过去两年的经历时，成就感满满。“我与英方的合作伙伴已达成共识，把英国剑桥大学医疗及教育资源作为基础，串联牛津大学与伦敦大学的相关资源，对接参与‘健康中国2030’的医疗改革项目，同时可以利用英国这三所世界顶尖大学平台资源优势，协助中国在‘一带一路’沿线国家和地区推动中医结合西医的国际医疗合作项目。”郑荣昌说：“‘一带一路’倡议为推动跨国、跨行业资源整合和中医药国际合作提供了更广阔的平台，我生逢其时，深感荣幸。”“一带一路”倡议为他的人生提供了无限机遇，促使他将事业的重心搬回中国。中医药的国际化随着“一带一路”倡议在沿线各国推进，已成为中国与东盟、欧盟、非洲、中东欧等地区和国际组织开展卫生经贸合作的重要内容，越来越多地惠及人类健康。这与郑荣昌们的奔走努力不无关系。常年奔波辛苦，他一点都不觉得累，因为可以把自己多年在美国、英国与欧洲生活工作所累积的经验与资源贡献于中国提出的“一带一路”倡议，他觉得工作越来越有意义和价值。

泰籍华人娜特致力于让无现金社会也出现在泰国。“现金消失了！”聊起两年前在中国杭州短暂的生活经历时，泰国某支付平台资金主管、泰籍华人娜特发出这样的惊呼。2016 年 10 月，娜特到杭州参加蚂蚁金服组织的为期两周的“一带一路”移动支付研修班，课余时间，她在闲逛时发现：无论是大型商场还是街边小摊，到处都是二维码。在体验了中国移动支付的便利后，回到泰国，娜特马上在公司召开研讨会，研究“如何让服务于普通人的无现金社会也能发生在泰国”。娜特是幸运的，2016 年 11 月，蚂蚁金服与她所服务的泰国某支付企业签订战略合作协议，通过技术和经验输出，将普惠金融模式复制到泰国，实现移动支付的本地化，当地传统银行及新兴机构推出了不少电子钱包，移动支付越来越快地飞入寻常百姓家。“数字化泰国”，已成为泰国热门的社会话题。这是蚂蚁金服在“一带一路”沿线国家“出海造船”模式的又一成功案例。所谓“出海造船”，是指中国的移动支付模式顺着“一带一路”沿线发展中国家，通过技术出海，让它们搭上移动互联网时代的“中国快车”和“中国便车”，让小微企业和普通人都能享受到方便、平等的金融服务。作为中国移动支付“名片”，支付宝的“出海造船”催生了 9 个国家和地区的本地版的“支付宝”（电子钱包），虽然名字各不相同，但是都接受了来自支付宝的技术赋能，当地人也能像中国用户一样体验到数字普惠时代的技术红利。这 9 个国家和地区都在“一带一路”沿线上，包括：印度、泰国、菲律宾、印尼、韩国、马来西亚、巴基斯坦、孟加拉、中国香港。“通过金融和科技的融合为国家发展做贡献是我的理想，移动支付为我提供了施展自己才华的广阔空间。”娜特表示，以蚂蚁金服为代表的中国互联网企业，向“一带一路”沿线国家提供了一种全新的“中国方案”。

一个个动听感人的故事，都在述说着同一种情感，那就是爱国。爱国是做人的根本，我们心中有爱国的种子，而且它的根扎得很深。谁不想为自己的祖国做出贡献？在历史的长河中，爱国是岳飞“精忠报国，直捣黄龙，还我河山”的铮铮誓言；爱国是文天祥“人生自古谁无死，留取丹心照汗青”的豪情壮志；爱国是林则徐“苟利国家生死以，岂因祸福避趋之”；爱国是谭嗣同“我自横刀向天笑，去留肝胆两昆仑”；爱国是孙中山为救风雨飘摇中的中华民族而奔走，越挫越勇、永不言弃；爱国是毛泽东在窑洞里点燃的星星之火燎原；爱国是邓小平用改革开放的春风吹暖大地，引领我们建设社会主义新中国。在社会主义现代化建设的今天，爱国情怀被赋予了新的时代内涵，习近平总书记为之命名为“中国梦”。中国梦，归根到底是人民的梦，是中华民族爱国的梦，中国梦必须紧紧依靠人民来实现，必须不断为人民造福。生命不息，爱国不止！

参考文献

[1] 习近平 . 习近平谈治国理政 [M]. 北京：外文出版社，2014.

[2] 习近平 . 习近平谈治国理政：第二卷 [M]. 北京：外文出版社，2017.

[3] 习近平 . 习近平新时代中国特色社会主义思想三十讲 [M]. 北京：学习出版社，2018.

[4] 中共中央宣传部 . 习近平新时代中国特色社会主义思想学习纲要 [M]. 北京：学习出版社，2019.

[5] 中共中央宣传部、中央广播电视总台 . 平语近人：习近平总书记用典 [M]. 北京：人民出版社，2019.

[6] 人民日报评论部 . 习近平用典　第一辑 [M]. 北京：人民日报出版社，2018.

[7] 人民日报评论部 . 习近平用典　第二辑 [M]. 北京：人民日报出版社，2018.

[8] 人民日报评论部 . 习近平讲故事 [M]. 北京：人民日报出版社，2017.

[9] 学习小组 . 习近平、中共、中华民族，三重乡愁，同时爆发 [EB/OL].http://politics.people.com.cn/n/2015/0217/c1001-26579745.html，2015-02-17.

[10] 中央党校采访实录编辑室 . 习近平的七年知青岁月 [M]. 北京：中

共中央党校出版社，2017.

[11] 中央党校采访实录编辑室 . 习近平在正定 [M]. 北京：中共中央党校出版社，2019.

[12] 习近平 . 摆脱贫困 [M]. 福州：福建人民出版社，1992.

[13] 习近平 . 携手共命运　同心促发展——在 2018 年中非合作论坛北京峰会开幕式上的主旨讲话 [EB/OL].http://www.xinhuanet.com/politics/2018-09/03/c_1123373881.html，2018-09-03.

[14] 习近平 . 中国梦最深沉的根基在人民心中 [EB/OL].http://world.people.com.cn/n/2015/0922/c1002-27621134.html，2015-09-22.

[15] 习近平 . 在文艺工作座谈会上的讲话 [EB/OL].http://culture.people.com.cn/n/2014/1015/c22219-25842812.html，2014-10-15.

[16] 习近平 . 在会见第一届全国文明家庭代表时的讲话 [EB/OL]. http://www.xinhuanet.com/politics/2016-12/15/c_1120127183.htm，2016-12-15.

[17] 习近平 . 让青春之花绽放在祖国最需要的地方 [EB/OL]. http://www.xinhuanet.com/politics/2014-05/03/c_1110509256.htm，2014-05-03.

[18] 习近平 . 在美国侨界欢迎招待会上的讲话 [EB/OL]. http://world.people.com.cn/n/2015/0925/c1002-27632490.html，2015-09-25.

[19] 习近平 . 在会见第 31 届奥运会中国体育代表团时表示 国队加油！中国加油！ [EB/OL]. http://tv.people.com.cn/n1/2016/0825/c61600-28666613.html，2016-08-25.

[20] 习近平 . 以黄大年同志为榜样　学习他心有大我、至诚报国的爱国情怀 [EB/OL]. http://app.why.com.cn/epaper/webpc/qnb/html，2017-05-26.

[21] 黄延敏 . 黄土与红旗：延安时期中国共产党与传统文化研究 [M]. 北京：学习出版社，2014.

[22] 费孝通 . 乡土中国 [M]. 北京：人民出版社，2015.

[23] 费孝通 . 行行重行行 [M]. 北京：群言出版社，2014.

[24] [美] 大卫 · 阿古什 . 费孝通传 [M]. 董天民，译 . 郑州：河南人民出版社，2006.

[25] 朱东润 . 陆游传 [M]. 太原：山西人民出版社发行部，2018.

[26] 唐德刚 . 张学良口述历史 [M]. 太原：山西人民出版社发行部，2013.

[27] 汤素兰 . 常香玉：戏比天大 [M]. 北京：党建读物出版社，2019.

[28] 田秉锷 . 毛泽东诗词鉴赏 [M]. 上海：上海三联书店，2012.

[29] 刘建强 . 毛泽东与两位邻居的情谊 [J]. 湘潮 2016(07).

[30] 张大可 . 论项羽 [M]. 北京：商务印书馆，2015.

[31] 姚有志，李庆山 . 淮海战役实录 [M]. 沈阳：白山出版社，2007.

[32] 冯至 . 杜甫传 [M]. 北京：人民文学出版社，2019.

[33] 李长之 . 李白传 [M]. 天津：百花文艺出版社，2010.

[34] 朱刚 . 苏轼十讲 [M]. 上海：上海三联书店，2019.

[35] 顾建国 . 张九龄研究 [M]. 北京：中华书局，2007.

[36] 陈冠廷 . 杨开慧 [M]. 北京：天地出版社，2019.

[37] 叶开 . 野性的红高粱：莫言传 [M]. 北京：二十一世纪出版社，2013.

[38] 陈振凯，赵永琦 . 红高粱地的朝圣 [EB/OL].http://paper.people.com.cn/rmrbhwb/html/2013-11/12/content_1323624.htm，2013-11-12.

[39] 莫言 . 莫言小说集 [M]. 上海：上海文艺出版社，2012.

[40] 逄春阶 . 山东的女儿彭丽媛 [EB/OL].http://politics.people.com.cn/n/2013/0403/c70731-21016088.html，2013-04-03.

[41] 老舍 . 我怎样写小说——老舍作品集 [M]. 江苏：译林出版社，2012.

[42] 杜尚泽 .“我们对于时间的理解”(习近平主席访问欧洲微镜头) [EB/OL]. http://paper.people.com.cn/rmrbhwb/html/2019-03/26/content_1915875.htm，2019-03-26.

[43]《习仲勋传》编委会 . 习仲勋传 [M]. 北京：中央文献出版社，2013.

[44]《习仲勋革命生涯》编辑组 . 习仲勋革命生涯 [M]. 北京：中共党史出版社、中国文史出版社，2002.

[45] 齐心 . 忆仲勋——纪念习仲勋同志 100 周年诞辰 [N]. 人民日报，2013-10-18.

[46] 许宏 . 最早的中国 [M]. 北京：科学出版社，2009.

[47] 孙庆伟 . 追迹三代 [M]. 上海：上海古籍出版社，2015.

[48] 张立东，任飞 . 手铲释天书：与夏文化探索者的对话 [M]. 河南：大象出版社，2001.

[49] 闻一多 . 伏羲考 [M]. 上海：上海古籍出版社，2009.

[50] 孙文晔 . 完罍归湘——皿方罍长达一个世纪的归家路 [N]. 北京日报，2018-06-26.

[51] 王颖 . 中国工艺美术大师全集：张同禄卷 [M]. 四川：四川美术出版社，2009.

[52] 丁杨 .“新留守青年”：扎根家乡，筑梦青春 [EB/OL]. http://www.81.cn/gnxw/2018-09/30/content_9302276.htm，2018-09-30.

[53] 叶永烈 . 钱学森传 [M]. 上海：上海交通大学出版社，2010.

[54] 王建柱 . 程开甲的惊天事业与沉默人生 [EB/OL]. http://dangshi.

people.com.cn/n/2014/0219/c85037-24401803.html，2014-02-19.

[55] 熊杏林 . 程开甲的故事 [M]. 北京：人民出版社，2018.

[56] 蔡德贵 . 季羡林传 [M]. 陕西：陕西师范大学出版社，2009.

[57] 杨绛 . 走到人生边上：自问自答 [M]. 北京：商务印书馆，2007.

[58] 廖静文 . 徐悲鸿传 [M]. 北京：中国青年出版社，2010.

[59] 王珏 . 盛中国播撒音乐的种子 [N]. 人民日报，2018-09-10.

[60] 郎平 . 郎平自传——激情岁月 [M]. 上海：东方出版中心，1999.

[61] 韦骅 . 郎平，与时代同行 [EB/OL]. http://cpc.people.com.cn/n1/2019/0111/c64387-30517131.html，2019-01-11.

[62] 孟海鹰 . 黄大年：以身许国 叩开地球之门 [EB/OL]. http://jl.people.com.cn/n2/2017/0518/c349771-30201645.html，2017-05-18.

[63] 习近平 . 民族英雄是中华民族的脊梁 [EB/OL]. http://politics.people.com.cn/n/2015/0903/c1001-27543618.html，2015-09-03.

[64] 陈琮渊，黄日涵 . 搭桥引路：华侨华人与“一带一路”[M]. 北京：社会科学文献出版社，2016.

[65] 裘援平 . 华侨华人与抗日战争 [J]. 求是，2015(19).

[66] 罗银胜 . 百年风华：杨绛传 [M]. 北京：京华出版社，2011.